Arbeitsblätter

In der Schöpfung leben

48 Arbeitsblätter
mit didaktisch-methodischen Kommentaren

Sekundarstufe I

von
Horst Stephan

Ernst Klett Verlag
Stuttgart Düsseldorf Leipzig

Der Verlag hat sich nach bestem Wissen und Gewissen bemüht, alle Inhaber von Urheberrechten an Beiträgen zu diesem Werk ausfindig zu machen. Sollte das in irgendeinem Fall nicht korrekt geschehen sein, bitten wir um Entschuldigung und bieten an, gegebenenfalls in einer nachfolgenden Auflage einen korrigierten Quellennachweis zu bringen.

Gedruckt auf Papier, das aus Altpapier hergestellt wurde.

Die Deutsche Bibliothek – CIP-Einheitsaufnahme

Ein Titelsatz für diese Publikation ist bei Der Deutschen Bibliothek erhältlich.

9 783129 267684

1. Auflage 1 6 5 4 3 2 | 2005 2004 2003 2002 2001

Dieses Werk folgt der reformierten Rechtschreibung und Zeichensetzung. Ausnahmen bilden Texte, bei denen lizenzrechtliche Gründe einer Änderung entgegenstehen.

Internetadresse: http://www.klett-verlag.de
E-Mail: klett-kundenservice@klett-mail.de
Umschlaggestaltung: BSS Werbeagentur Sachse und Partner, Bietigheim
Druck und Bindung: Wilhelm Röck, Weinsberg. Printed in Germany
ISBN 3-12-926768-9

Kapitel I Schöpfung und Urzustand

Kapitel II Das Menschenbild oder: Gottesebenbildlichkeit des Menschen

Kapitel III Lob und Bewahrung der Schöpfung – Verantwortung für die Erde

Kapitel IV Bedrohung und Zerstörung der Schöpfung

Kapitel V Weltbilder und Evolution

Kapitel VI Manipulation der Schöpfung

M 1 Götter-Generationen

Aus Atum sind Schu und Tefnut hervorgegangen. Schu und Tefnut bringen den Erdgott Geb und die Himmelsgöttin Nut hervor, die wiederum eine Generation von fünf Göttern zeugen: Haroëris (= den großen bzw. älteren Horus) und die beiden berühmten Paare Osiris-Isis und Seth-Nephthys. Seth, der Repräsentant der unvermeidlichen Unordnung, tötet Osiris. Er wird zum Ursprung des Todes. Isis, die zum Ursprung des Fortlebens nach dem Tod wird, ersinnt zusammen mit Nephthys die Rituale, die es Osiris erlauben, für immer im Totenreich zu herrschen. Dieser Rituale bedienen sich auch die Könige, dann die Menschen, um für immer als Götter zu leben. Isis, von dem toten Osiris geschwängert, bringt ihren Sohn Horus zur Welt und beschützt ihn. Horus drängt den unfruchtbaren Seth in die unfruchtbaren Wüsten zurück und stellt als Urbild jedes neuen Pharao die rechte Ordnung wieder her.

aus: Jean Yoyotte, Ägyptische Vorstellungen von der Entstehung der Welt, in: Welt und Umwelt der Bibel, Heft 2/1996, S. 14

M 2 Ägyptisches Weltbild

aus: Othmar Keel, Die Welt der altorientalischen Bildsymbolik und das AT, Zürich 1980, S. 29

M 3 Ägyptische Schöpfungsmythe

Ich, Chepra, bin der Schöpfer alles dessen, was Leben in sich trägt, nachdem ich selbst in uralten Zeiten ins Leben trat. Selbst erzeugte ich mich aus dem Urwesen, mein Name ist Osiris, das Urwesen aus dem Urstoff. Ich war der Herr über alle Welt und die ganze Welt war von mir erfüllt, denn ich war allein. Die Götter waren noch nicht entstanden. Es gab auch sonst noch keine anderen Geschöpfe und Wesen, ich war ganz allein und ich erschuf alles, was erschaffen ist. Kein Wesen half mir, ich allein erschuf alles. Dann hob ich die ins Leben getretenen Wesen aus dem Urwasser, dem Zustande des Nichtseins empor, obwohl ich noch keinen festen Platz fand, darauf zu stehen. In meinem Herzen formte ich ein herrliches Urbild, den Uranfang legte ich für mich. So erschuf ich alles Lebendige und es entstanden viele Wesen, die wiederum andere Wesen erzeugten. Ich spie die Gestalten von Schu und Tefnet aus und wurde damit aus einem Gott zu einer dreifachen Gottheit, ja aus mir selbst kamen zwei Götter zum Leben. Schu und Tefnet wurden aus dem Urwasser, aus mir selbst hervorgehoben und dann entstand die Pflanzenwelt. Als ich weinte, entstanden die Menschen aus meinen Tränen. Schu und Tefent gaben Geb und Nuth das Leben, Geb und Nuth erweckten die anderen Götter und diese riefen unzählige Wesen auf der Erde ins Leben. Sie alle rufen meinen Namen an, sie vernichten ihre Feinde, sie äußern Worte der Kraft.

aus: Rudolf Jockel, Götter und Dämonen, hrsg. und eingeleitet v. R. Jockel, Holle Verlag, Darmstadt/Genf 1953, Nr. 1

M 1

aus: Hermann Göll, Illustrierte Geschichte der Mythologie, Eco Verlag GmbH, Eltville am Rhein, S. 329

M 2

Amon

Der zuerst im Uranfang Entstandene, Amon, der Erstentstandene, dessen Gestalt man nicht kennt; kein Gott entstand vor ihm, kein anderer Gott war mit ihm zusammen, der seine Gestalten genannt hätte.
Er hatte keine Mutter, nach der sein Name gemacht werden konnte, er hatte keinen Vater, der ihn erzeugte und sagen konnte: „Das bin ich."

aus: Hermann Kees, Ägypten – Religionsgeschichtliches Lesebuch 10 – Tübingen 1928, S. 3 f.

M 3

Amon erschafft die Welt

Am Anfang, als die Urwasser die Welt bedeckten und außer dem Wasser nichts war, erhob sich aus dem Urwasser der Hügel des Uranfangs. Dieser trug ein großes Ei. Aus dem Ei entstand Amon. Er lebte wie eine Nilgans auf den Urwassern. Er schwamm über das Wasser und überlegte, was er gegen seine Einsamkeit tun könne. Aus sich selbst erschuf er die Göttin Amaunet. Dann erschuf er die Welt und alles, was in der Welt ist. Er gab der Welt den Befehl, dass sie entstehen soll. Und so geschah es.
Amon wurde der stärkste Gott in Theben und der Erste in Karnak. Dann wandte er sich nach Nubien und wurde dort König, ebenso wie im Goldland Punt. Als Chepra fuhr er in der Sonnenbarke über alle Völker hin. In Heliopolis aber nannte man ihn Atum. Seine Frau Amaunet ließ sich Mut rufen. Ihr Kind war Chons, dem Amon die Stadt Theben gab. Amon verlieh Chons die Gabe, auf seiner Töpferscheibe Menschen zu formen.
Amon rief die Götter der Neunheit, um die Welt zu gestalten. Zusammen mit Re und Ptah erschien er allen Völkern als alleiniger Gott. Amon, der Vater der Achtheit und der Neunheit, hat Ptah mit seinem Munde geschaffen. Er ist der Herr der Luft und aller Dinge, der Hauch des Lebens.

aus: Susanne Hansen (Hrsg.), Mythen vom Anfang der Welt, Pattloch Verlag, Augsburg 1991, S. 26 f.

M 1

Der Töpfer – Urheber des Lebens

M 2

Schöpfungsmythe aus Esne

29 Gruß dir, Chnum-Re, Herr von Esne,
Ptah, der du die Urgötter zur Welt brachtest,
großer Gott, der du ganz zu Anfang entstandest,
herrlicher Widder vom Ersten Mal.
Er erhob den Himmel,
Er erhob das Himmelsgewölbe und leuchtete dort unter der Gestalt des Schu;
dort ließ er die Seele der Götter wohnen;
er breitete die Erde aus auf ihrem Fundament
und beleuchtete die beiden Länder mit seinem Auge.
Bildner der Bildner,
Vater der Väter, Mutter der Mütter,
der die Wesen von oben machte und die Wesen von unten erschuf,
der heilige Widder, der die Widder machte,
Chnum, der die Chnumgötter machte,
mit kraftvoller Hand, unermüdlich,
so dass es keine Arbeit gibt, die ohne ihn vollbracht wird.
Er machte die Städte, trennte die Landschaften,
schuf die beiden Länder,
befestigte die Berge.
Er hat die Menschen auf der Töpferscheibe gebildet,
er hat die Götter gezeugt, die Erde zu bevölkern
und den Kreis des Weltozeans.
Er kommt zur rechten Zeit, um allen Leben zu spenden,
die auf seiner Scheibe entstanden,
er machte das Kraut, um alle Tiere zu erhalten,
und den Lebensbaum für den (die) Lebendigen.
Er hat den Himmel gemacht bis zum heutigen Tage,
der vollkommene Gott aus unvordenklichen Zeiten,
der von der Frühe an am Himmel einherfährt und das Land mit seinen Wohltaten anfüllt.
Schicksal und Unterhalt der Kinder stehn ihm zu Diensten;
Wasser und Wind stehn ihm zu Diensten,
und was aus seinem Munde hervorgeht, leidet keinen Verzug.
Er ist der Urheber von allem,
denn es ist kein Werk, bei dem er fehlte.

30 Du bist der Meister der Töpferscheibe, dem es gefällt,
auf der Scheibe zu bilden,
der wohltätige Gott, der das Land belebt,
der die Keime der Erde (miteinander) in Berührung bringt.
Du bist der Allmächtige und du hast die Menschen auf der Scheibe gebildet,
du hast (die Götter) erschaffen,
Kleinvieh und Großvieh hast du gestaltet,
alles hast du auf deiner Scheibe gebildet, täglich,
in deinem Namen Chnum, der Töpfer.

31 Du bist der Herr von Esne, der Gott der Töpferscheibe,
der die Götter formte,
der die Menschen bildete und auch die Tiere.
Der viel geliebte Widder, der schuf, was ist und noch nicht ist,
der die Götter zur Welt brachte, die Göttinnen zeugte.
Du bist der ehrwürdige Gott, der im Anfang entstand.
Der geheimnisvolle Gott, dessen Gestalt man nicht kennt;
du kamst aus dem Nun, erschienst mit der (Sonnen) flamme;
der Nil fließt aus den beiden Höhlen unter seinen Füßen hervor,
ihm entströmt der sanfte Hauch des Nordwinds für die Nasen der Götter und Menschen.
Du bist Tenen, erhabener als die Götter;
seine Tat hat das Land belebt:
die Scheibe ist vor ihm,
seine beiden Arme sind gerade beim Gestalten,
seine Finger lösen die Glieder (von der Masse des Stoffes).

aus: Die Schöpfungsmythen: Ägypter, Sumerer, Hurriter, Hethiter, Kanaaniter und Israeliten. Mit einem Vorwort von M. Eliade. Darmstadt 1977, S. 93 f.

M 1 Marduk – Stadtgott Babylons

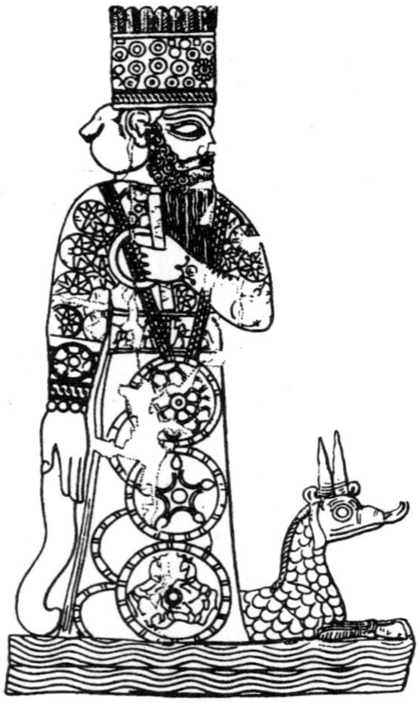

aus: Ivar Lissner/Gerhard Rauchwetter, Der Mensch und seine Gottesbilder, Walter Verlag AG, Olten 1982, S. 162

M 2 Information

Das babylonische Schöpfungsepos heißt „Enuma elish“, weil es mit den Worten „Als droben ...“ beginnt. Es ist auf 7 Keilschrift-Tontafeln mit je etwa 150 Versen gefunden worden und stammt aus dem Jahre 2000–1500 vor Chr.
In dieser Göttergeschichte stehen sich eine männliche und eine weibliche Urgottheit gegenüber: *Apsu* als Süßwasserozean und *Tiamat* (Urmutter des Lebens) als Salzsee. Die beiden Urelemente erzeugen Generationen von Göttern: die sumerische Dreiheit *Enlil*, *Anu* und *Ea*. – Marduk tritt als Sohn des Ea auf. Er ist der Stadtgott von Babylon und später der Hauptgott des Reiches.

M 3 Enuma elish

Als oben der Himmel noch nicht war
und unten nicht die Erde,
noch kein Strauchwerk,
noch kein Rohrdickicht,
da wogten im All
das süße Urmeer Apsu
und das salzige Urmeer Tiamat.
Apsu und Tiamat vermischten ihre Wasser
als Mann und Frau
und es ward geschaffen Ea,
gewaltig an Kräften.
Keiner der Götter war ihm gleich.
Ea tötete Apsu, seinen Vater.
Und Ea zeugte einen Sohn.
Marduk war sein Name.
Marduk wurde groß und stark.
Er war ein mächtiger, weiser Gott.
Tiamat aber wollte Rache für Apsu,
ihren Mann.
Sie rüstete für den Kampf gegen Ea.
Tiamat wurde ein Drache.
Ea rief Marduk:
Du bist der Kühnste.
Töte Tiamat!
Und Ea gab Marduk den Herrscherstab.
Und Marduk nahm eine Keule
und Pfeil und Bogen. Er nahm das Netz.
Er kam mit dem Wirbelwind.
Der Wind blähte Tiamats Körper auf.
Marduk entsandte den Pfeil.
Der drang durch den Panzer in ihr Herz.
Tiamat war tot.
Marduk zerschlug sie mit der Keule.
Er zerteilte Tiamat.
Er hob die eine Hälfte auf
und befestigte sie als Himmel.
Aus der anderen Hälfte schuf er die Erde,
das Wasser, die Flüsse und Seen.
Er teilte den Himmel in zwölf Zonen.
Zwölf Monate erhielt das Jahr.
Den Mondgott ließ er leuchten bei Nacht,
den Sonnengott bei Tag.
Dann ruhte der Held von seinem Kampf,
von seinem Schöpfungswerk.
Und danach sprach Marduk:
Ich schaffe Neues:
Den Menschen will ich schaffen,
ein Wesen, das uns dienen soll.
Aus Götterblut erschuf er den Menschen.
Marduk war der größte Gott.
Die Götter sprachen: Wir wollen dich ehren.
Wir wollen dir einen Tempel bauen.

nacherzählt von Dietrich Steinwede

aus: Dietrich Steinwede, Sachbilderbuch Schöpfung. © Verlag Ernst Kaufmann, Lahr/Patmos Verlag, Düsseldorf

M 1

Information

Die Metamorphosen (Verwandlungen) des röm. Dichters Ovidius Naso (43 v. Chr. – 18 n. Chr.) sind ein Glanzstück der antiken Erzählkunst in 15 Büchern. Sie behandeln die mythischen Anfänge der Welt und reichen bis in die Zeit des Gaius Julius Caesar. Die Metamorphosen erzählen von Menschen, die sich in Tiere und Pflanzen verwandeln.

M 2

Metamorphosen, I,5

Ehe das Meer und die Erde bestand und der Himmel, der alles deckt, da besaß die Natur im All nur ein einziges Antlitz, Chaos genannt, eine rohe und ungegliederte Masse, nichts als träges Gewicht [...] Zwar war Erde daselbst vorhanden und Meer und auch Lufthauch, aber die Erde gewährte nicht Stand, das Wasser kein Schwimmen, lichtlos waren die Lüfte. Es schwankten die Formen der Dinge [...], kämpften das Kalte und Warme, es rangen das Trockne und Feuchte, Weiches stritt mit Hartem, was ohne Gewicht mit dem Schweren. Aber es gab eine Schlichtung des Streites: Ein Gott, eine bessere Kraft der Natur, schied Himmel und Erde und Erde und Wasser und er trennte den heiteren Himmel vom dickeren Luftdunst. Als er nun alles entwirrt, aus der finsteren Masse entnommen, band er das örtlich Getrennte zusammen in friedlicher Eintracht; und so schnellte die leichte, die feurige Kraft des gewölbten Himmels empor und gewann sich den Platz in der obersten Höhe. [...]
Als so der Gott, wer immer er war, die Materie geordnet, so sie zerteilt und die Teile zu wirklichen Gliedern gestaltet, ballte er gleich zu Beginn die Erde, damit sie auf jeder Seite sich gänzlich gleiche, zur Form einer riesigen Kugel. Alsdann ließ er die Meere sich breiten; in reißenden Stürmen. Sollten sie schwellen und rings die Gestade der Erde umgürten. Quellen gesellte er bei, unermessliche Teiche und Seen [...]
Felder ließ er sich dehnen und Täler hernieder sich senken, Wälder sich decken mit Laub und steinige Berge sich heben [...]
Kaum hat er alles durch feste Begrenzung umhegt und geschieden, als die Gestirne, die lang in der Masse gepresst und verborgen waren, allüberall am Himmel jetzt zu leuchten begannen. Auf dass keine der Zonen der lebenden Wesen ermangle, sollten die Sterne, Gestalten von Götter, den Himmel bevölkern. Glänzenden Fischen gewähren die Wasser die Wohnung, die Erde bot den Tieren das Heim, die beweglichen Lüfte den Vögeln. Aber ein reineres Wesen, Gefäß eines höheren Geistes, über die anderen zu herrschen befähigt, es fehlte noch immer. Und es entstand der Mensch [...]. Während die anderen Wesen gebückt zur Erde sich neigen, ließ er (Iapetus[1]) den Menschen das Haupt hoch tragen: er sollte den Himmel sehen und aufgerichtet den Blick nach den Sternen erheben. Also ward nun die Erde verwandelt: soeben noch formlos roh, ward sie jetzo geschmückt mit den Menschengestalten.

[1] *Einer der Titanen, die von Zeus in den Tartaros („so tief unter der Erde, wie der Himmel über ihr") gestürzt wurden. Des Iapetus Sohn ist Prometheus, der den Menschen das Feuer vom Himmel holte; gleichzeitig gilt Prometheus als Menschenbildner: Götter und Menschen sind verwandt, weil Prometheus sie nach dem Bild der Götter geschaffen habe.*

aus Ovidius Naso, Metamorphosen, hrsg. und übersetzt v. Hermann Breitenbach.

M 1

Schöpfungsmythe der Sandawe

Zuerst kam Matunda aus dem Inneren des Brotfruchtbaumes hervor; Gott machte die Öffnung, da stand er auf der Erde.
Als er fertig dastand, stand er im Eingang. Als er dastand, da lief zuerst die Hyäne heraus. Er ließ diese, da lief sie fort. Gleich darauf kamen Schafe heraus, diese alle hielt er zurück und nahm sie fest.
Dann gleich darauf kam eine Frau mit Kindern heraus. Er hielt sie gleich fest und fragte: „Wo ist dein Mann?" – „Er ist im Hause." Dieser kam noch hervor; er hielt ihn fest.
Später kam allerlei heraus. Später kamen Rinder heraus, die hielt er fest. Später kamen alle Dinge insgesamt zum Vorschein: die Schlange kam heraus, er ließ sie, da lief sie davon; dann kam der Löwe, der Leopard, die ließ er laufen, dann das Nashorn, der Elefant, der Büffel, die Gazelle, die Vögel – alle ließ er laufen, das Huhn hielt er fest; dann kamen die Giraffe, die Elenantilope, das Zebra, das Warzenschwein heraus, alles Wild kam heraus und er ließ es laufen.

aus: Otto Dempwolff, Die Sandawe, Linguistisches und ethnographisches Material aus Deutsch-Ostafrika, L. Friedrichsen & Co., Hamburg 1916

M 2

Schöpfungsmythe der Arussi

Die Erde ist die Frau des Himmels. Sie erschufen gemeinsam alles: Gott zeugte, indem er auf der Erde lag und die Erde gebar. Die Erde trägt die Menschen und nimmt sie auf, wenn sie sterben. Die Toten sind ihre „Speise". Wenn es sehr trocken ist, so bittet die Erde den Himmel: „Mein Ehemann, ich bin ganz von der Sonne verbrannt" – und dann gibt er ihr gleich Regen. Später tat die Erde Böses und wurde dem Himmel ungehorsam. Da schlug er sie, so dass sie zu Staub wurde. Er zerstörte auch alles, was sie gemeinsam hervorgebracht hatten. Später schuf Gott alles wieder neu, aber die Erde blieb seitdem Staub und bloße Erde.

aus: E. Haberland, Himmel und Erde in Nordost-Afrika, in: Paideuma 13, 1967, S. 43 ff.

Die Himmelsfrau

Einst lebte die Menschheit in einem himmlischen Paradies. Unter dem Himmel lag nicht die Erde, sondern so weit man blicken konnte, dehnte sich das Meer aus, in dem Wasservögel und andere Tiere wohnten.

Über dem großen Wasser stand keine Sonne; doch der Himmel war erleuchtet vom Baum des Lichtes, der vor dem Haus des Himmelsherrn wuchs.

Ein Traum riet dem Herrscher über das himmlische Paradies, eine schöne, junge Frau zu heiraten und er tat, wie ihm im Traum befohlen worden war. Vom Atem des Himmelsherrn wurde die Frau schwanger, doch der Mann begriff nicht das Wunder der Natur, sondern entbrannt in Wut und Zorn. Da träumte ihm abermals und die Stimme des Traumes riet ihm, den Baum des Lichtes vor der Schwelle seines Palastes auszureißen. Und wieder hörte er auf die Stimme seines Traumes. So entstand draußen vor dem Haus ein großes, klaffendes Loch.

und sie beschlossen, ihr zu helfen. Die Wasservögel breiteten ihre Flügel aus und flogen so dicht nebeneinander her, dass sich die Spitzen ihrer Federn berührten. Sie wollten die Himmelsfrau auffangen. Die Wassertiere suchten einen Landeplatz. Die große Wasserschildkröte tauchte auf und hob ihren Panzer über den Meeresspiegel, während die anderen Tiere zum Meeresboden hinabtauchten, um dort Schlamm und Sand zu holen.

Die Bisamratte brachte ein paar Steine und die Kröte schleppte Algen und Tang herbei und sie warfen Schlamm, Sand, Algen und Steine auf den Panzer der Schildkröte. So entstand eine Insel, die nach und nach größer und größer wurde.

Unterdessen hatten die Vögel die Himmelsfrau in der Luft aufgefangen und trugen sie zur unteren Welt herab. Von Zeit zu Zeit kamen neue Vögel und lösten jene ab, die müde geworden waren von der schweren Last, die auf ihrem Gefieder ruhte.

Als der Himmelsherr nun sah, wie sein Weib neugierig durch das Loch hinabblickte, überkam ihn wieder eifersüchtiger Zorn und er gab ihr von hinten einen Stoß. Da stürzte sie aus dem himmlischen Paradies und fiel hinab, dem großen Wasser entgegen.

Immer noch zornig, warf ihr der Himmelsherr alle Gegenstände und Lebewesen nach, die ihr lieb und wert gewesen waren, einen Maiskolben, Tabakblätter, ein Reh, Wölfe, Bären und Biber, die später alle in der unteren Welt leben sollten. Aber noch gab es diese Welt nicht, die jetzt unsere Welt ist. Das unglückliche Weib des Himmelsherrn stürzte durch die Luft herab und die weite Wasserfläche, in der sie würde ertrinken müssen, kam immer näher. Das sahen die Tiere, die in dem großen Wasser wohnten

Endlich landete die Himmelsfrau wohlbehalten auf der Insel der großen Wasserschildkröte. Sie dankte den Vögeln, die ihr und dem Kind in ihrem Leib das Leben gerettet hatten. Sie nahm eine Hand voll Erde und warf die Erde von sich. Da vermehrte sich das Land durch die Zauberkraft, die in den Fingerspitzen der Himmelsfrau sitzt; die Insel wuchs und wuchs und wurde eine Welt und die Horizonte rückten in die Ferne. Pflanzen und Bäume begannen zu sprießen und die Tiere, die der Himmelsherr seinem Weib nachgeworfen hatte, fanden Wohnung und Nahrung und vermehrten sich. So entstand die Erde und die Himmelsfrau wurde die Große Erdmutter.

aus: Frederik Hetmann (Hrsg.), Indianermärchen aus Nordamerika.

M 1 Enuma elish

Als Marduk das Wort der Götter hörte, begehrte er Kunstvolles zu schaffen.
Aufgetanen Mundes spricht er zu Ea, was er in seinem Herzen erdacht hat, den Ratschluss gibt er: „Blut will ich binden, Gebein entstehen lassen. Aufstellen will ich Lulla, Mensch sei sein Name. Erschaffen will ich Lulla, den Menschen! Es sollen ihm auferlegt werden die Götterdienste. Sie sollen befriedigt sein."

aus: Hugo Gressmann (Hrsg.), Altorientalische Texte zum Alten Testament, 2. Aufl., Berlin und Leipzig 1926

M 2 Babylonisch-assyrische Mythe

Die Götter riefen die Göttin Mami zu sich und sprachen zu ihr: „Du weise Mami, du bist die Schönste unter den Göttern, du bist der göttliche Mutterschoß, bilde uns Lullu, den Menschen, damit er als das herrlichste Wesen der Schöpfung erscheine!" Mami antwortete: „So einfach geht das nicht; erst muss man eine Form schaffen, nach der der Mensch gebildet werden kann." So wurde das Bild des zu schaffenden Menschen zunächst in Lehm geformt und dann formte Mami aus diesem Lehm, der mit Götterblut gemischt war, den Menschen und machte ihn zu einem lebenden Wesen.

aus: Rudolf Jockel, Götter und Dämonen, hrsg. und eingeleitet v. R. Jockel, Holle Verlag, Darmstadt/Genf 1953, Nr. 2

M 3
Popol Vuh – Heiliges Buch der Maya

„Auf ein Neues!" sagen die Götter. (...) Darauf geschah die Schöpfung und Formung. Aus Erde, aus Lehm machten sie des Menschen Fleisch. Aber sie sahen, dass es nicht gut war. Denn es schwand dahin, es war zu weich, es war ohne Bewegung und ohne Kraft, es fiel um, es war weich, es bewegte nicht den Kopf, das Haupt hing zu einer Seite, der Blick war verschleiert, es konnte nicht rückwärts blicken. Wohl sprach es, aber es hatte keine Vernunft. Bald weichten es die Wasser auf und es sank dahin.
Und es sagten der Schöpfer und der Former: „Es zeigt sich, dass das nicht gehen und sich nicht vermehren kann. Hierüber müssen wir uns beraten." [...]

aus: Popol Vuh, Heiliges Buch der Maya, aus dem Quiché übertragen und erläutert von Wolfgang Cordan, Eugen Diederichs Verlag, München

M 4 Afrikanische Mythe

(Stamm der Mati/Äthiopien)
Als Gott die Welt erschuf, gab es noch keine Menschen. Er griff in die Erde und formte daraus die ersten Menschen. Jedesmal, wenn er in die Erde griff, stöhnte diese laut und seufzte: „Ach, tut mir das weh!" So machte er Mann und Frau. Als sie starben, legte man sie in die Erde und sie wurden wieder zu Erde.
Der erste Mensch, Gugo, kam vom Himmel herunter und ging auf der Erde herum. Auch Gott lebte dort mit seiner Tochter. Als das Mädchen, das bis dahin allein gelebt hatte, den Gugo zum ersten Mal sah, gebärdete sie sich wie eine junge Kuh, die nach dem Stier verlangt und hin und her läuft, ebenso rannte sie hierhin und dorthin, um ihn zu sehen. Er lebte östlich des Ganale in Girga und sie westlich des Flusses, bis sie das Wasser kreuzte, um ihn zu heiraten. Ihr Vater war nicht damit einverstanden und sagte ihr: „Der Gugo ist nichts wert – er isst nur die Knollen silinga und maroda und die Exkremente der Bienen (Honig) – das ist nicht der rechte Mann für dich!" Da sie jedoch den Menschen sehr liebte, lag sie ihrem Vater so lange in den Ohren, bis er ihr schließlich seine Einwilligung gab. [...]

aus: Werner F. Bonin, Die Götter Schwarzafrikas, Verlag für Sammler, Graz 1979, S. 320

M 5 Edda – germanische Mythe

So sprach Odin, der Allvater, und sie schufen aus der Esche einen Mann und aus der Ulme ein Weib. Odin verlieh ihnen Geist und Leben, Hönir gab Verstand und Bewegung hinzu, Loki spendete ihnen die Sinne, Gefühle, blühende Farbe und Sprache. So stand das erste Menschenpaar vor den Göttern und Odin streckte seine Hand aus über Midgard und sprach zu den Neuerschaffenen: „Seht! Dies Land ist eure Heimat! Hier sollt ihr fortan wohnen, Tiere züchten und zähmen, das Land bebauen und die Früchte der Bäume und des Feldes essen – ihr und eure Kinder und Kindeskinder!" Da folgten sie seinem Gebot; und von ihnen stammen alle Völker germanischer Zunge, welche das weite Midgard bewohnen.

aus: Rudolf Jockel, Götter und Dämonen, a. a. O., S. 256

Wie sich die Menschen im alten Orient (Ägypten, Kanaan, Assyrien, Akkad, Babylonien, Sumer) die Welt vorstellten

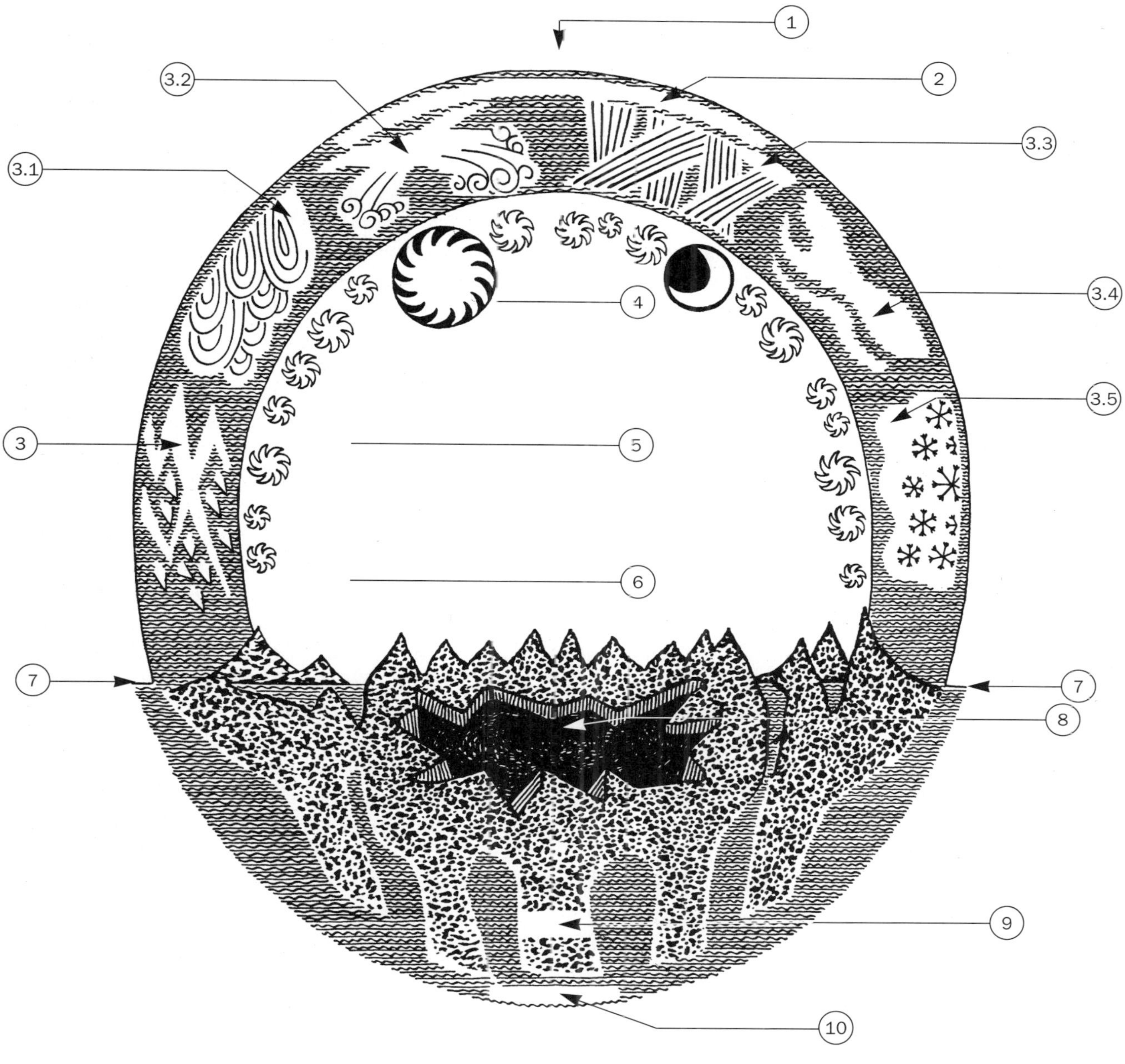

aus: Othmar Keel, Die Welt der altorientalischen Bildsymbolik und das AT, Zürich 1980, S. 48

Aufgabe:
Die wichtigsten Elemente und Phänomene des Weltalls sind in der Abbildung mit den Nr. 1–10 versehen. Notiere die Begriffe im Kasten in die richtige Leerzeile.

Himmelsozean und Vorratskammern ✭ Urflut ✭ Firmament/Gestirne ✭ Erde und Meer
Säulen der Erde ✭ Hagel, Wolken, Wind, Regen, Nebel, Schnee ✭ Unterwelt
Unterer Himmel/Luftraum ✭ Säulen des Himmels ✭ Oberer Himmel

Aus dem Buch Genesis 1,1–2,4 a

1 Im Anfang schuf Gott Himmel und Erde; 2die Erde aber war wüst und wirr, Finsternis lag über der Urflut und Gottes Geist schwebte über dem Wasser.

3Gott sprach: Es werde Licht. Und es wurde Licht. 4Gott sah, dass das Licht gut war. Gott schied das Licht von der Finsternis, 5und Gott nannte das Licht Tag und die Finsternis nannte er Nacht. Es wurde Abend und es wurde Morgen: erster Tag.

6Dann sprach Gott: Ein Gewölbe entstehe mitten im Wasser und scheide Wasser von Wasser. 7Gott machte also das Gewölbe und schied das Wasser unterhalb des Gewölbes vom Wasser oberhalb des Gewölbes. So geschah es 8und Gott nannte das Gewölbe Himmel. Es wurde Abend und es wurde Morgen: zweiter Tag.

9Dann sprach Gott: Das Wasser unterhalb des Himmels sammle sich an einem Ort, damit das Trockene sichtbar werde. So geschah es. 10Das Trockene nannte Gott Land und das angesammelte Wasser nannte er Meer. Gott sah, dass es gut war. 11Dann sprach Gott: Das Land lasse junges Grün wachsen, alle Arten von Pflanzen, die Samen tragen, und von Bäumen, die auf der Erde Früchte bringen mit ihrem Samen darin. So geschah es. 12Das Land brachte junges Grün hervor, alle Arten von Pflanzen, die Samen tragen, alle Arten von Bäumen, die Früchte bringen mit ihrem Samen darin. Gott sah, dass es gut war. 13Es wurde Abend und es wurde Morgen: dritter Tag.

14Dann sprach Gott: Lichter sollen am Himmelsgewölbe sein, um Tag und Nacht zu scheiden. Sie sollen Zeichen sein und zur Bestimmung von Festzeiten, von Tagen und Jahren dienen; 15sie sollen Lichter am Himmelsgewölbe sein, die über die Erde hin leuchten. So geschah es. 16Gott machte die beiden großen Lichter, das größere, das über den Tag herrscht, das kleinere, das über die Nacht herrscht, auch die Sterne. 17Gott setzte die Lichter an das Himmelsgewölbe, damit sie über die Erde hin leuchten, 18über Tag und Nacht herrschen und das Licht von der Finsternis scheiden. Gott sah, dass es gut war. 19Es wurde Abend und es wurde Morgen: vierter Tag.

20Dann sprach Gott: Das Wasser wimmle von lebendigen Wesen und Vögel sollen über dem Land am Himmelsgewölbe dahinfliegen. 21Gott schuf alle Arten von großen Seetieren und anderen Lebewesen, von denen das Wasser wimmelt und alle Arten von gefiederten Vögeln. Gott sah, dass es gut war. 22Gott segnete sie und sprach: Seid fruchtbar und vermehrt euch und bevölkert das Wasser im Meer und die Vögel sollen sich auf dem Land vermehren. 23Es wurde Abend und es wurde Morgen: fünfter Tag.

24Dann sprach Gott: Das Land bringe alle Arten von lebendigen Wesen hervor, von Vieh, von Kriechtieren und von Tieren des Feldes. So geschah es. 25Gott machte alle Arten von Tieren des Feldes, alle Arten von Vieh und alle Arten von Kriechtieren auf dem Erdboden. Gott sah, dass es gut war. 26Dann sprach Gott: Lasst uns Menschen machen als unser Abbild, uns ähnlich. Sie sollen herrschen über die Fische des Meeres, über die Vögel des Himmels, über das Vieh, über die ganze Erde und über alle Kriechtiere auf dem Land. 27Gott schuf also den Menschen als sein Abbild; als Abbild Gottes schuf er ihn. Als Mann und Frau schuf er sie. 28Gott segnete sie und Gott sprach zu ihnen: Seid fruchtbar und vermehrt euch, bevölkert die Erde, unterwerft sie euch und herrscht über die Fische des Meeres, über die Vögel des Himmels und über alle Tiere, die sich auf dem Land regen. 29Dann sprach Gott: Hiermit übergebe ich euch alle Pflanzen auf der ganzen Erde, die Samen tragen und alle Bäume mit samenhaltigen Früchten. Euch sollen sie zur Nahrung dienen. 30Allen Tieren des Feldes, allen Vögeln des Himmels und allem, was sich auf der Erde regt, was Lebensatem in sich hat, gebe ich alle grünen Pflanzen zur Nahrung. So geschah es. 31Gott sah alles an, was er gemacht hatte: Es war sehr gut. Es wurde Abend und es wurde Morgen: der sechste Tag.

2 So wurden Himmel und Erde vollendet und ihr ganzes Gefüge. 2Am siebten Tag vollendete Gott das Werk, das er geschaffen hatte, und er ruhte am siebten Tag, nachdem er sein ganzes Werk vollbracht hatte. 3Und Gott segnete den siebten Tag und erklärte ihn für heilig; denn an ihm ruhte Gott, nachdem er das ganze Werk der Schöpfung vollendet hatte.

4aDas ist die Entstehungsgeschichte von Himmel und Erde, als sie erschaffen wurden.

Genesis 1,1–2,4 a

Erschaffung des Himmels – Trennung der Wasser

Erschaffung der Pflanzen – Trennung von Land und Meer

Erschaffung von Landtieren und Menschen – Herrschaftsauftrag und Speisegebot

Erschaffung von Sonne, Mond und Sternen

Vollendung der Schöpfung – Zeit der Ruhe

Erschaffung des Lichts – Trennung des Lichts von der Finsternis

Erschaffung von Fischen und Vögeln

M 1

Erschaffung der Eva, Sachsenchronik 13. Jh.

M 2

Genesis 2,4 b–25

4b Zur Zeit, als Gott, der Herr, Erde und Himmel
machte, 5gab es auf der Erde noch keine Feldsträu-
cher und wuchsen noch keine Feldpflanzen; denn
Gott, der Herr, hatte es auf die Erde noch nicht reg-
nen lassen und es gab noch keinen Menschen, der
den Ackerboden bestellte; 6aber Feuchtigkeit stieg
aus der Erde auf und tränkte die ganze Fläche des
Ackerbodens.
7 Da formte Gott, der Herr, den Menschen aus Erde
vom Ackerboden und blies in seine Nase den Le-
bensatem. So wurde der Mensch zu einem lebendi-
gen Wesen.
8 Dann legte Gott, der Herr, in Eden, im Osten, ei-
nen Garten an und setzte dorthin den Menschen,
den er geformt hatte. 9 Gott, der Herr, ließ aus dem
Ackerboden allerlei Bäume wachsen, verlockend an-
zusehen und mit köstlichen Früchten, in der Mitte
des Gartens aber den Baum des Lebens und den
Baum der Erkenntnis von Gut und Böse.
10 Ein Strom entspringt in Eden, der den Garten be-
wässert; dort teilt er sich und wird zu vier Haupt-
flüssen. 11 Der eine heißt Pischon; er ist es, der das
ganze Land Hawila umfließt, wo es Gold gibt.
12 Das Gold jenes Landes ist gut; dort gibt es
auch Bdelliumharz und Karneolsteine. 13 Der zwei-
te Strom heißt Gihon; er ist es, der das ganze Land
Kusch umfließt. 14 Der dritte Strom heißt Tigris; er
ist es, der östlich an Assur vorbeifließt. Der vierte
Strom ist der Eufrat.
15 Gott, der Herr, nahm also den Menschen und
setzte ihn in den Garten von Eden, damit er ihn be-
baue und hüte. 16 Dann gebot Gott, der Herr, dem
Menschen: Von allen Bäumen des Gartens darfst du
essen, 17 doch vom Baum der Erkenntnis von Gut
und Böse darfst du nicht essen; denn sobald du da-
von isst, wirst du sterben.
18 Dann sprach Gott, der Herr: Es ist nicht gut, dass
der Mensch allein bleibt. Ich will ihm eine Hilfe ma-
chen, die ihm entspricht.
19 Gott, der Herr, formte aus dem Ackerboden alle
Tiere des Feldes und alle Vögel des Himmels und
führte sie dem Menschen zu, um zu sehen, wie er sie
benennen würde. Und wie der Mensch jedes leben-
dige Wesen benannte, so sollte es heißen. 20 Der
Mensch gab Namen allem Vieh, den Vögeln des
Himmels und allen Tieren des Feldes. Aber eine Hil-
fe, die dem Menschen entsprach, fand er nicht.
21 Da ließ Gott, der Herr, einen tiefen Schlaf auf den
Menschen fallen, so dass er einschlief, nahm eine sei-
ner Rippen und verschloss ihre Stelle mit Fleisch.
22 Gott, der Herr, baute aus der Rippe, die er vom
Menschen genommen hatte, eine Frau und führte sie
dem Menschen zu. 23 Und der Mensch sprach:
Das endlich ist Bein von meinem Bein / und Fleisch
von meinem Fleisch. / Frau soll sie heißen; / denn
vom Mann ist sie genommen.
24 Darum verlässt der Mann Vater und Mutter und
bindet sich an seine Frau und sie werden *ein* Fleisch.
25 Beide, Adam und seine Frau, waren nackt, aber sie
schämten sich nicht voreinander.

Holzschnitt von Melchior Schwarzenberg von 1535. Bibliothek des Predigerseminars Hildesheim. Foto: AKG, Berlin

M 1

Leben wie im Garten Eden

„Kamelien, Orchideen, Lilien – ein Blumenmeer soweit das Auge reicht. Madeira, die ‚Insel des ewigen Frühlings', ist ein Paradies…"

„Willkommen im Tropenparadies! Viele Hotels liegen inmitten üppig blühender Gärten, in denen Sie sich vom Duft der Karibik bezaubern lassen können."

aus: Das Goldene Blatt, Nr. 51 vom 10.12.97.
Freizeit Revue, Nr. 45 vom 12.11.97

Foto: Mauritius-Mehlig, Stuttgart

Palmengesäumter Traumstrand auf der Seychellen-Insel La Digue

Inselhüpfen im Paradies

Weiße Traumstrände, türkisfarbenes Wasser, einsame, palmengesäumte Buchten, in denen sich glattgeschliffene Granitfelsen auftürmen: Die Seychellen, das Inselparadies im Indischen Ozean, ist für viele noch immer der Inbegriff für Exotik pur. Nun hat auch JAHN-REISEN dieses Fernziel im Programm – und zwar zu erschwinglichen Preisen. So gibt es eine Woche auf der Insel Praslin im Hotel „Äquator" inkl. Flug bereits ab 2299 Mark. Wer möglichst viel von den Seychellen sehen möchte, kann auch bei einem einwöchigen Inselhüpfer-Programm mitmachen (Flug und Transfer ab/bis Mahé für 497 Mark). ■

aus: Freizeit Revue, Nr. 50 vom 3.12.97

M 2

Ein paradiesischer Garten

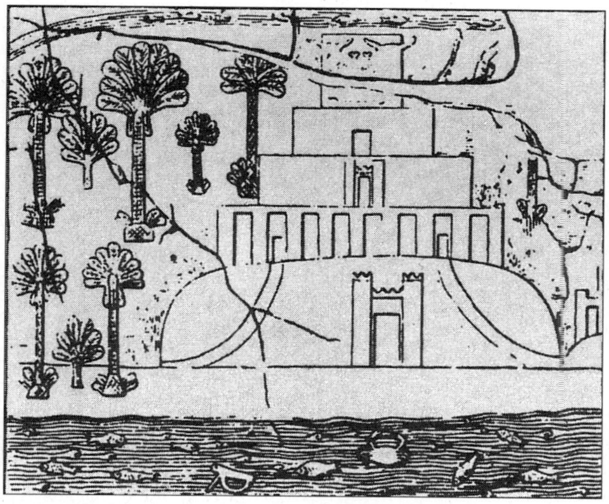

aus: Günther Weber, Eine Welt für den Menschen, Heft 2. Ludwig Auer GmbH, Donauwörth 1988, S. 21

M 3

10 Ein Strom entspringt in Eden, der den Garten bewässert; dort teilt er sich und wird zu vier Hauptflüssen.
11 Der eine heißt Pischon; er ist es, der das ganze Land Hawila umfließt, wo es Gold gibt.
12 Das Gold jenes Landes ist gut; dort gibt es auch Bdelliumharz und Karneolsteine.
13 Der zweite Strom heißt Gihon; er ist es, der das ganze Land Kusch umfließt.
14 Der dritte Strom heißt Tigris; er ist es, der östlich an Assur vorbeifließt. Der vierte Strom ist der Eufrat.

Genesis 2,10 – 14

aus: Einheitsübersetzung der Heiligen Schrift.

M 4 Der Garten

Anna lebte in einem armseligen Dorf auf der Hochebene. Die Häuser waren aus Lehm gebaut und lagen eng beisammen, um sich gegenseitig vor Sonne und Wind zu schützen. [...] Eines Nachts hatte Anna einen seltsamen Traum. Ein junger Mann, in dem sie einen Engel erkannte, rief ihr zu: „Komm mit!" und ging ihr voraus. Sie wanderten einige Zeit und kamen schließlich an eine hohe Mauer, die aus Lehm gebaut war und eine riesige Fläche im Viereck umgab. Der Engel legte eine Leiter an und sie stiegen hinauf. Oben war die Mauer so breit, dass sie bequem darauf gehen konnten. Wie staunte Anna, als sie unter sich einen wunderschönen Garten sah.
Da wuchsen die verschiedensten Bäume. Einige hatten dichte Kronen, in denen bunte Vögel herumflatterten und zwitscherten; andere trugen Früchte, die Anna noch nie gesehen hatte. Das Laub der Bäume leuchtete in den verschiedensten Farben. Der Garten wirkte schattig und angenehm kühl. Zwischen den Bäumen breitete sich eine Wiese aus, auf der kleinere Blütenbüsche standen, dann gab es auch Beete, gefüllt mit Blumen aller Arten und Farben. Die ganze Luft war von einem feinen Duft erfüllt. Anna schaute und konnte sich nicht satt sehen. Da führte der Engel sie ein Stück weiter auf der Mauer und zeigte ihr die Mitte des Gartens. Dort stieg Wasser in einem Springbrunnen in die Höhe und ergoss sich in ein großes Becken. Von da aus verteilte es sich in vier Bäche, die nach allen vier Seiten hin den Garten durchflossen. Anna bekam große Lust, von der Mauer zu hüpfen und ihre Arme in dieses Wasser zu tauchen. Wasser, das war etwas, das ihnen im Dorf immer fehlte. Und hier gab es ein sprudelndes Wasser in großer Menge! [...]
„Ach lass mich doch in den Garten hinunter", bat Anna den Engel.
„Dies ist der Garten des Paradieses", antwortete er, „ein Ort, an dem alle in Liebe beieinanderwohnen. Du kannst jetzt noch nicht hinein. Aber du kannst versuchen, ein wenig davon auf Erden zu verwirklichen."
Darauf wurde es um Anna dunkel und der Engel war verschwunden.
Als Anna erwachte, war sie sehr traurig. [...] Warum hatte sie nicht in diesem herrlichen Garten bleiben dürfen? [...]
Später trat Anna auf die Gasse und wie immer scharten sich die Kinder des Dorfes um sie.
„Kommt mit", sagte sie, „wir wollen gemeinsam einen Garten pflanzen."
Während sie am Rande des Dorfes den trockenen Boden umgruben, mühsam wässerten und kleine, dürftige Pflanzen einsetzten, erzählte Anna von dem Garten, den sie im Traum gesehen hatte.
„So schön wird unser Garten nie werden", seufzte sie, „aber ein wenig soll er ihm ähneln." [...]

Mechtild Theiss

aus: Erhard Domay (Hrsg.), Vorlesebuch Symbole. S. 211 f.

Marc Chagall, Die Erschaffung des Menschen (Gen 2.7) 1956–1958
Foto: Artothek Peissenberg © VG Bild-Kunst, Bonn 1999

M 1

Aus der Kosmogonie des Berosus

Es seien aber auch Stiere mit Menschenköpfen entstanden, hundsköpfige Pferde und Menschen und andere Wesen mit Köpfen und Leibern von Pferden, überdies aber auch Fische und Kriechtiere und Schlangen und allerlei wunderbare und mischgestaltige Wesen, deren Bilder auch im Tempel des Bel als Weihegeschenke sind.

M 2

Aus dem Gilgamesch-Epos

Du, Aruru, schufst Gilgamesch, jetzt erschaffe ein Ebenbild von ihm!
Seinem eigenen Wesen gleiche...
Als Aruru dies hörte, schuf sie in ihrem Innern ein Ebenbild Anus.

M 3

Aus einem babylonischen Sintflutbericht

Noch nie hab ich ein Schiff gemacht (...) Auf dem Boden zeichne eine Zeichnung von ihm! Die Zeichnung will ich betrachten...

M 4

Aus dem Era-Epos

Ea, der König, hielt Rat, indem er ein Wort sagte:
„Jetzt, da der Fürst Marduk aufgestanden ist, was diese Mannen betrifft:
Ihre Bilder, die ich unter den Menschen schuf, hat er dem Era nicht gesagt.“

M 5

Aus einer ägyptischen Inschrift

Mein geliebter leiblicher Sohn Nebma're, mein lebendes Ebenbild, den mein Leib geschaffen hat, den mir Mut, die Herrin von Eschre in Theben, die Herrin der neun Bogenvölker geboren hat – ich habe dich als den einzigen Herrn der Menschheit aufgezogen. Mein Herz jauchzt sehr, wenn ich deine Schönheit sehe.

M 6

Aus einem ägyptischen Hymnus an Amenophis III

Es wurde seine Majestät jedesmal genannt: Millionenfach großes Abbild [...]
Er ist das Abbild dieses Sohnes, den ich mir zeuge [...]
Jedes Abbild von ihm ist gemäß der Gestalt der Majestät des Re; sein göttliches und schönes Ebenbild.

M 7

Aus einem Brief an einen König

Der Vater des Königs, meines Herrn, war das Ebenbild Bels und der König, mein Herr, ist das Ebenbild Bels.

M1, M2, M3, M5 aus:
Hugo Gressmann (Hrsg.), Altorientalische Texte zum AT, 2. Aufl., Berlin und Leipzig 1926, S. 20, 151, 200, 20

M4 aus:
P. F. Gössmann, OESA, Das Era-Epos, Würzburg o. J., S. 16

M6 und M7 aus:
W. H. Schmidt, Die Schöpfungsgeschichte der Priesterschrift (Wissenschaftliche Monographien zum AT und NT, Bd. 17), Neukirchen 1969, S. 138, S. 140

A17 Der Mensch – Gottes Ebenbild

M 1

Die Erschaffung Adams, Santiago de Compostela, um 1090

M 2

26 Dann sprach Gott: Lasst uns Menschen ma-
chen als unser Abbild, uns ähnlich. Sie sollen
herrschen über die Fische des Meeres, über die
Vögel des Himmels, über das Vieh, über die
ganze Erde und über alle Kriechtiere auf dem
Land.
27 Gott schuf also den Menschen als sein Abbild;
als Abbild Gottes schuf er ihn. Als Mann und
Frau schuf er sie.

Genesis 1, 26–27

M 3

1 Der Herr hat die Menschen aus Erde erschaf-
fen/ und lässt sie wieder zu ihr zurückkehren.
2 Gezählte Tage und eine bestimmte Zeit wies er
ihnen zu / und gab ihnen Macht über alles auf
der Erde.
3 Ihm selbst ähnlich hat er sie mit Kraft beklei-
det / und sie nach seinem Abbild erschaffen.
4 Auf alle Wesen legte er die Furcht vor ihnen, /
über Tiere und Vögel sollten sie herrschen.
6 Er bildete ihnen Mund und Zunge, Auge und
Ohr / und ein Herz zum Denken gab er ihnen.
7 Mit kluger Einsicht erfüllte er sie / und lehrte
sie, Gutes und Böses zu erkennen.
8 Er zeigte ihnen die Größe seiner Werke, / um
die Furcht vor ihm in ihr Herz zu pflanzen.
9 Sie sollten für immer seine Wunder rühmen/
10 und seinen heiligen Namen loben.

Jesus Sirach 17,1–10

M 4

Ich bin ein Wunder

Ich bin ein Wunder
kann gehen
sehen
mich drehen
ganz wie ich will
kann lachen
Dummheiten
gar nichts machen
kann denken
schenken
ein Auto lenken
kann träumen
klettern in Bäumen
kann trinken
winken
mich wehren
mit Freunden verkehren
Ich
du
er – sie – es
wir alle
sind Wunder

Klaus Kordon

aus: Hans-Joachim Gelberg (Hrsg.), Das achte Weltwunder, 1979, Beltz Verlag Weinheim und Basel, Programm Beltz & Gelberg, Weinheim

M 5

Was ist der Mensch

Was ist der Mensch, dass du an ihn denkst, / des Menschen Kind, dass du dich seiner annimmst?
6 Du hast ihn nur wenig geringer gemacht als Gott, / hast ihn mit Herrlichkeit und Ehre gekrönt.
7 Du hast ihn als Herrscher eingesetzt über das Werk deiner Hände, / hast ihm alles zu Füßen gelegt:
8 All die Schafe, Ziegen und Rinder / und auch die wilden Tiere,
9 die Vögel des Himmels und die Fische im Meer, / alles, was auf den Pfaden der Meere dahinzieht.

Psalm 8,5–9

aus: Einheitsübersetzung der Heiligen Schrift.

M 6

Schöpfung und Evolution

Der Mensch ist als Ebenbild des bildlosen Gottes erschaffen, womit nicht seine Gestalt gemeint sein kann, sondern nur seine ethische (sittlich-moralische) Wesensart, die ihn allein befähigt, zwischen Gut und Böse zu unterscheiden. [...] Die Krone der Schöpfung ist endlich der Mensch, der über Fische und Vögel, das Vieh und das Gewürm herrschen soll.

Schalom Ben-Chorin, Schöpfung und Evolution, in: H. A. Müller (Hrsg.), Naturwissenschaft und Glaube, Bern/München/Wien 1988, S. 22 f.

M 7

Gottes Ebenbildlichkeit

Der Mensch ist das letzte göttliche Schöpfungswerk – nach ihm kommt in der Welt nur noch Gott selbst [...]
Ihren Ausdruck findet die Auszeichnung des Menschen vor allen anderen Kreaturen im Symbol der ‚Gottebenbildlichkeit'. Wie die orientalischen Großkönige in den Provinzen ihrer Reiche Bilder von sich als Zeichen ihrer Gegenwart und Herrschaft aufstellen ließen, so ist der Mensch als Gottes Ebenbild der Repräsentant der Hoheit Gottes in der Welt.
Zum Wesen des Bildes gehört es, dass es etwas abbildet und dadurch für den Besucher erkennbar macht – die Abbildung aber ist nicht identisch mit dem Abgebildeten, sondern weist nur auf es hin, Gott wiederholt sich nicht im Menschen, aber der Mensch ist das Geschöpf, das in besonderer Weise auf den Schöpfer hinweist.

aus: Heinz Zahrnt, Leben – als ob es Gott gibt. Statt eines Katechismus. München 1992, S. 29, in: Deutsches Allgemeines Sonntagsblatt 32/92

M 1

Was bist du, Mensch?

Mehr
als eine winzige Spur
verweht im Sandmeer
der Jahrmillionen

Mehr
als das Produkt
einer Ei- und Samenzelle
dem Zufall verhaftet

Mehr
als eine Nummer
im Elektronengehirn
des Computers
mit Daten gespeichert
abrufbar

Mehr
viel mehr

Nicht
weil dein Geist
Jahrmillionen
das Universum
Gesetze des Lebens
die technischen Möglichkeiten
erfasst

Nicht
weil du zählst
zu den Großen der Erde
weil Papyrus
Tontafeln
Chroniken
Schallplatten
Tonbänder
deinen Namen bewahren

Mehr
viel mehr

weil Gott
dich beim Namen nennt

Christa Peikert-Flaspöhler

aus: Christa Peikert-Flaspöhler, Füße hast du und Flügel, Lahn-Verlag, Limburg, 2. Aufl. 1986

M 2

Lied des Menschen

Ich bin ein Mensch; doch bild ich mir nicht ein,
Ich könnt im Dunkeln besser sehn als Eulen.
Ich könnte lauter als die Wölfe heulen
Und könnte stärker als ein Löwe sein.

Ich bin ein Mensch; doch glaub ich nicht, ich sei
So glücklich wie Delphine, wenn sie springen,
So selig wie die Meisen, wenn sie singen,
Auch nicht so schnurrig wie ein Papagei.

Ich bin ein Mensch und doch in jedem Tier,
In Laus und Adler, Raupe, Pfau und Schnecke.
Sie sind die fernsten Ahnen und ich stecke
In jedem Tier und jedes steckt in mir.

Doch bin ich Mensch in ganz besonderem Sinn.
Wenn Tiere schnurrig sind, verspielt und heiter,
Dann sind sie schnurrig, heiter und nichts weiter.
Ich aber weiß es, wenn ich glücklich bin.

Was Tiere sind, das sind und bleiben sie.
Ein Wolf bleibt Wolf. Ein Löwe bleibt ein Löwe.
Doch ich kann alles sein. Delphin und Möwe.
Ich bin ein Mensch. Ich habe Phantasie.

James Krüss

aus: James Krüss, James' Tierleben, Boje Verlag, München 1965.

M 3

Größe des Menschen

Nimm nur die Berge, die abträgt der Regen
und schwemm sie flusswärts ins Meer wie nichts

Oder das Meer selber, die Schiff mordende
in der Sturmflut, wie es die Inseln wegleckt

Oder wenn aufbrechen die Wunden der Erde
in Vulkanen, Städte begrabenden Massen

Oder auch, von denen wir wieder hörten:
den Länder zertrümmernden Erdbeben

– sie alle übertrifft der Mensch
in seiner Zerstörungskraft

Wolf Biermann

aus: Wolf Biermann, Alle Gedichte.

M 1

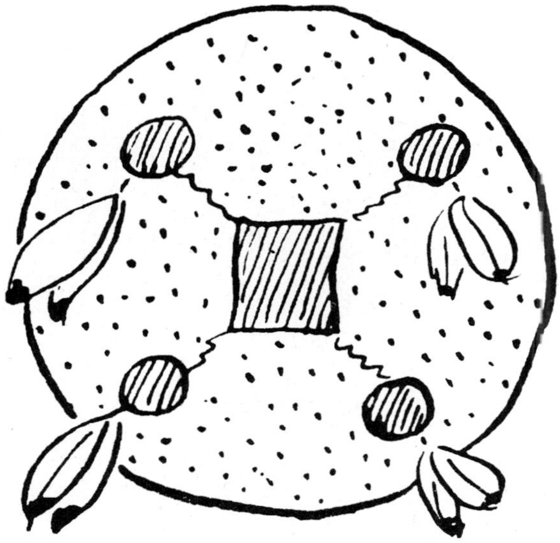

aus: Wolfgang Bauer & Irmtraud Dümotz (Hrsg.), Lexikon der Symbole, Fourier Verlag GmbH, Wiesbaden 17. Aufl. 1998, S. 94

M 3

Wir danken unserer Mutter, der Erde, die uns ernährt.
Wir danken den Flüssen und Bächen, die uns ihr Wasser geben.
Wir danken den Kräutern, die uns ihre heilenden Kräfte schenken.
Wir danken dem Mais und seinen Geschwistern, der Bohne und dem Kürbis, die uns am Leben erhalten.
Wir danken den Büschen und Bäumen, die uns ihre Früchte spenden.
Wir danken dem Wind, der die Luft bewegt und Krankheiten vertreibt
Wir danken dem Mond und den Sternen, die uns mit ihrem Licht leuchten, wenn die Sonne untergegangen ist.
Wir danken unserem Großvater Hé-no, der uns, seine Enkelkinder, schützt und uns seinen Regen schenkt.
Wir danken der Sonne, die freundlich auf die Erde herabschaut.
Vor allem aber danken wir dem Großen Geist, der alle Güte in sich vereint und alles zum Wohl seiner Kinder lenkt.

Ausschnitt aus der Danksagung der Irokesen

aus: Käthe Reicheis/Georg Bydlinski (Hrsg.), Die Erde ist eine Trommel, Verlag Herder GmbH Freiburg 1988

M 2

Lied der Dakota

Alles, was lebt, ist ihr Lied,
Alles, was stirbt, ist ihr Lied.
Auch der Wind, der da weht, ist ein Erdlied.
Und die Erde will alle ihre Lieder singen.

aus: Werner Müller, Geliebte Erde, Naturfrömmigkeit und Naturhass im indianischen und europäischen Nordamerika, Bouvier Verlag, Bonn 1972, S. 16

M 4

Ich bin beschämt vor der Erde
Ich bin beschämt vor den Himmeln
Ich bin beschämt vor der Dämmerung des Morgens
Ich bin beschämt vor dem Zwielicht des Abends
Ich bin beschämt vor dem Blau des Himmels
Ich bin beschämt vor der Sonne
Ich bin beschämt vor der Stimme in mir, die mit mir spricht. […]
Deshalb muss ich die Wahrheit sagen.
Ich halte mein Wort fest an mein Herz.

aus: Nikolaus Einhorn, Ausschnitte aus dem Universum der menschlichen Rede. Zur Poesie der nordamerikanischen Indianer, in: Akzente, 1977, S. 334

M 1 Lied an die Sonne

Gelobt seist du, Sonne des Tages, die du die Menschen schufst und sie leben lässt. Gewaltiger Falke mit buntem Gefieder, der entstand, um sich selbst zu erheben. Der aus sich selbst entstand, ohne geboren zu sein. Der im Himmel wohnt und dem die Menschen bei seinem Erscheinen zujubeln wie bei seinem Untergang. Der Schöpfer aller Wesen der Welt, der Chnum und Amon der Menschen.

aus: Susanne Hansen (Hrsg.), Mythen vom Anfang der Welt, Pattloch Verlag, Augsburg 1991, S. 28

M 2

Es wird heller, ein neuer Morgen beginnt den Tag

Zeichnung: Sven Palmowski, Stuttgart

M 3 Der Sonnengesang

[...]
Gelobt seist du, mein Herr, mit all deinen
Geschöpfen, vor allem unserer Schwester,
der SONNE,
durch sie schenkst du Licht und Wärme.
Strahlend und schön, ist sie ein leuchtendes
Ebenbild deiner, Herr, Allerhöchster.

Gelobt seist du, mein Herr,
durch unsere Brüder,
den MOND und die STERNE.
Du hast sie geschaffen
am Firmament, hellglänzend,
kostbar und schön.

Gelobt seist du, mein Herr,
durch unseren Bruder, den WIND,
durch die LÜFTE und WOLKEN,
den heiteren Himmel
und jegliche Witterung, durch die du all
deinen Geschöpfen
das Leben erhältst.
Gelobt seist du, mein Herr,
durch unsere Schwester, die QUELLE;
nützlich ist ihr Wasser,
dienend, köstlich und rein.

Gelobt seist du, mein Herr,
durch unseren Bruder, das FEUER.
Mit ihm erleuchtest du die Nacht.
Es ist heiter und schön,
kraftvoll und stark.

Gelobt seist du, mein Herr,
durch unsere Mutter, die ERDE.
Sie ernährt und spendet Leben uns,
bringt mannigfache Früchte,
buntfarbene Blumen und Kräuter hervor.

Gelobt seist du, mein Herr,
durch jene, die zur Vergebung bereit,
aus Liebe zu dir ...

Gelobt seist du, mein Herr,
durch jene, die Schwachheit ertragen
und Mühsal erdulden in Frieden.
Selig sind sie zu preisen,
denn vor dir, Höchster,
werden sie die Krone empfangen.

Gelobt seist du, mein Herr,
durch unseren Bruder, den Tod.
Kein Irdischer kann lebend
vor ihm entfliehen. (...)

Lobet und preiset in Dankbarkeit
meinen Herrn und Gott –
und dienet ihm mit großer Demut.

Franz von Assisi

aus: Erich Legler: Lobpreis der Schöpfung – Süddeutsche Verlagsgesellschaft, Ulm 1980

M 1

Am Wegrand

Ein glänzender Stein am Wegrand.
So klein – und doch so schön.
Ich hob ihn auf. Er war so schön!
Ich legte ihn wieder zurück
und ging weiter.

Calvin O. John

M 2

Gesang von mir selbst

Ich glaube, ein Grashalm ist nicht geringer
als das Tagewerk der Sterne,
Und die Ameise ist ebenso vollkommen,
Und ein Sandkorn und des Zaunkönigs Ei,
Und die Baumkröte ist ein Meisterstück
des Höchsten,
Und Brombeerranken könnten die Hallen
des Himmels schmücken!
Und das schmalste Gelenk meiner Hand
beschämt jedes Maschinenwerk,
Und die Kuh, die gesenkten Hauptes
wiederkäut, übertrifft jegliches Bild,
Und eine Maus ist Wunders genug,
Sextillionen von Ungläubigen zu erschüttern.
Mir scheint, ich verkörpere Gneis, Kohle,
langhaariges Moos,
Früchte, Ähren, essbare Wurzeln,
Ich bin über und über mit einer Stuckatur von
Vierfüßlern und Vögeln bedeckt,
Ich habe, was hinter mir liegt, aus guten
Gründen weit überholt,
Aber ich rufe, wenn ich es will, alles wieder
zu mir heran.

Walt Whitman

aus: Walt Whitman, Hymnen für die Erde. Insel Verlag, Frankfurt/M. 1946

M 3

stachel

es lobt
die lust eines vogels
im sturzflug den falter zu pflücken
den vater aller geschöpfe
lobt der falter
ihn auch?
es lobt
die lust einer katze
im spiel das mäuschen zu killen
den gott allen lebens
lobt
das mäuschen
ihn auch?
es lobt
die lust eines seesterns
das muscheltier lebendig zu schlürfen
den lenker aller geschicke
lobt
das muscheltier
auch?

Kurt Marti

M 4

Wer vom Glanz der geschaffenen Dinge
nicht erleuchtet wird, ist blind;
wer durch dieses laute Rufen der Natur
nicht erweckt wird, ist taub;
wer, von diesen Wundern der Natur
beeindruckt, Gott nicht lobt, ist stumm;
wer durch diese Signale der Welt nicht auf
den Urheber hingewiesen wird, ist taub;
wer, von diesen Wundern der Natur
beeindruckt, Gott nicht lobt, ist dumm;
öffne darum deine Augen, wende dein geistiges Ohr ihnen zu, löse deine Zunge und öffne dein Herz, damit du in allen Kreaturen deinen Gott entdeckest, hörest, lobest, liebest …, damit nicht der ganze Erdkreis sich anklagend gegen dich erhebe!

Bonaventura (Theologe, 1221–1274)

aus: Itinerarium I, 15 (Opera Omnia V, 299). Kösel Verlag, München

A 22 „Liebeserklärung an die Erde"

M 1

Lobe den Herrn, meine Seele! / Herr, mein
Gott, wie groß bist du! / Du bist mit Ho-
heit und Pracht bekleidet.
2 Du hüllst dich in Licht wie in ein Kleid, /
du spannst den Himmel aus wie ein Zelt.
3 Du verankerst die Balken deiner Woh-
nung im Wasser, / Du nimmst dir die Wol-
ken zum Wagen, / du fährst einher auf den
Flügeln des Sturmes.
4 Du machst dir die Winde zu Boten / und
lodernde Feuer zu deinen Dienern.
5 Du hast die Erde auf Pfeiler gegründet;/
in alle Ewigkeit wird sie nicht wanken.
[...]
24 Herr, wie zahlreich sind deine Werke!/
Mit Weisheit hast du sie alle gemacht, / die
Erde ist voll von deinen Geschöpfen.

Psalm 104, 1–5,24

◀ aus: Einheitsübersetzung der Heiligen Schrift.
© 1980 Katholische Bibelanstalt, Stuttgart

M 2

Aufgehende Erde Foto: World Perspectives, San Rafael

M 3 Astronauten und Kosmonauten berichten

Die Dinge, die wir auf der Erde miteinander teilen, werden viel wertvoller als jene, die uns trennen. *(D. Williams/USA)*

Kein einziger Mensch konnte bei dem faszinierenden Anblick der Erde aus dem Weltraum Freudenausbrüche zurückhalten, die aus der Tiefe des Herzens hervorbrachen. *(O. Makarow/UdSSR)*

Aus dem Fenster erhaschen wir einen Blick auf einen riesigen Wolkenwirbel mitten über dem Pazifik, den italienischen Stiefel, der in das Mittelmeer ragt, oder die strahlend blauen Korallenriffe der Karibik, die ihre Schönheit vor den Sternen entfalten. Und in den Augenblicken [...] verspürten wir jene Empfindungen, die uns Menschen eigen sind – Ehrfurcht, Neugier, Staunen, Freude und Überraschung. *(R. L. Schweickart/USA)*

Wichtig ist nicht, wem sie (die Erde) gehört. Hauptsache, dass es sie gibt. *(O. Atkow/UdSSR)*

Plötzlich taucht hinter dem Rand des Mondes in langen, zeitlupenartigen Momenten von grenzenloser Majestät ein funkelndes blauweißes Juwel auf, eine helle, zarte himmelblaue Kugel, umkränzt von langsam wirbelnden weißen Schleiern. Allmählich steigt sie wie eine kleine Perle aus einem tiefen Meer hervor, unergründlich und geheimnisvoll. Es braucht mehr als einen Augenblick, bis du tatsächlich begreifst, dass es die Erde ist ... unsere Heimat. *(E. Mitchell/USA)*

Als ich hinausblickte in die Schwärze des Weltraums, übersät mit der Glorie eines Universums an Lichtern, sah ich Majestät – aber kein Willkommen. Unten gab es einen Planeten, der uns mit offenen Armen empfangen würde. Dort, in der dünnen, sich bewegenden und unglaublich empfindlichen Biosphäre befindet sich alles, was uns teuer ist, spielen sich all die Dramen und Komödien der Menschheit ab. Dort gibt es Leben, dort sind alle guten Dinge. *(L. Acton/USA)*

aus: Kevin W. Kelley (Hrsg.), Der Heimatplanet (The Home Planet), Frankfurt/M. 1989

M 1

Karikatur: CCC (Haitzinger), München

M 2

Gefährten oder Tod

Ein Weiser mit Namen Choni ging einmal über Land und sah einen Mann, der einen Johannisbrotbaum pflanzte. Er blieb bei ihm stehen und sah ihm zu und fragte: „Wann wird das Bäumchen wohl Früchte tragen?“
Der Mann erwiderte: „In siebzig Jahren.“
Da sprach der Weise: „Du Tor! Denkst du in siebzig Jahren noch zu leben und die Früchte deiner Arbeit zu genießen? Pflanze lieber einen Baum, der früher Früchte trägt, dass du dich ihrer erfreust in deinem Leben.“
Der Mann aber hatte sein Werk vollendet und sah freudig darauf und er antwortete: „Rabbi, als ich zur Welt kam, da fand ich Johannisbrotbäume und aß von ihnen, ohne dass ich sie gepflanzt hatte, denn das hatten meine Väter getan. Habe ich nun genossen, wo ich nicht gearbeitet habe, so will ich einen Baum pflanzen für meine Kinder oder Enkel, dass sie davon genießen. Wir Menschen mögen nur bestehen, wenn einer dem anderen die Hand reicht. Siehe, ich bin ein einfacher Mann, aber wir haben ein Sprichwort: Gefährten oder Tod.“

Jüdisches Volksgut

aus: Else Schubert-Christaller, In deinen Toren Jerusalem. Jüdische Legenden, Eugen Salzer-Verlag, Heilbronn 1984, S. 9 f.

M 3 und M 4 aus: Käthe Recheis/Georg Bydlindski (Hrsg.), Weißt du, dass die Bäume reden. Verlag Herder, Wien 1986

M 3

Mahnung an die Häuptlinge

O Häuptlinge! Tragt keinen Zorn im Herzen und hegt gegen niemanden Groll. Denkt nicht immer nur an euch selber und an eure eigene Generation. Vergesst nicht, dass nach euch noch viele Generationen kommen werden, denkt an eure Enkelkinder und an jene, die noch nicht geboren sind und deren Gesichter noch im Schoß der Erde verborgen liegen.

Aus der Irokesenverfassung

M 4

Wenn wir der Erde etwas wegnehmen, müssen wir ihr auch etwas zurückgeben. Wir und die Erde, sollten gleichberechtigte Partner sein. Was wir der Erde zurückgeben, kann etwas so Einfaches – und zugleich so Schwieriges – wie Respekt sein.
Die Suche nach Öl, Kohle und Uran hat der Erde bereits großen Schaden zugefügt, aber noch kann dieser Schaden wieder gutgemacht werden – wenn wir es wollen. Beim Abbau von Bodenschätzen werden Pflanzen vernichtet. Es wäre recht und billig, der Erde Samen und Schößlinge anzubieten und dadurch wieder zu ersetzen, was wir zerstört haben. Eines müssen wir lernen: Wir können nicht immer nur nehmen, ohne selber etwas zu geben. Und wir müssen unserer Mutter, der Erde, immer so viel geben, wie wir ihr weggenommen haben.

Jimmie C. Begay

M 1

Die Schöpfung bewahren, damit alle leben können

MISEREOR

„Das Lebenshaus Erde soll auch noch für unsere Kinder bewohnbar sein."

„Menschen, die die Erde als ‚Lebenshaus' zerstören, verfehlen ihr Menschsein."

M 2

Schöpfung

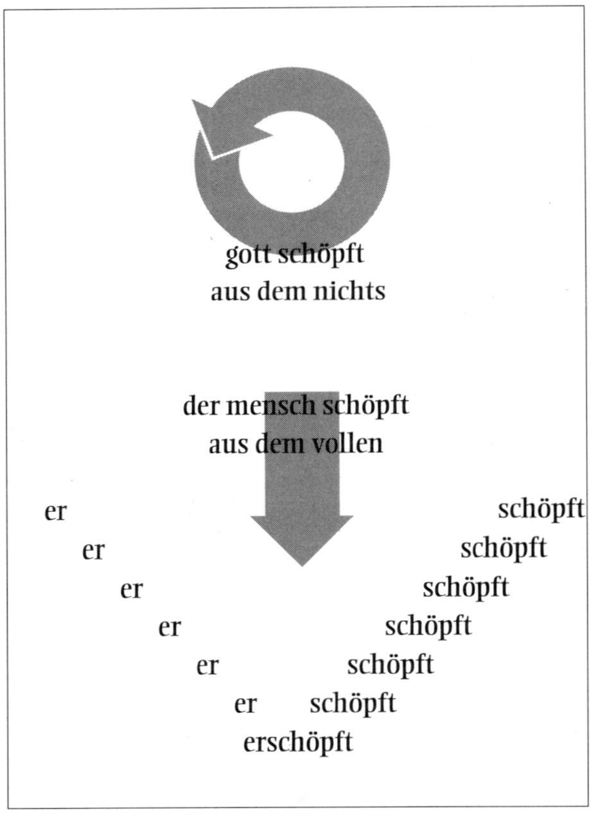

Textbild: Siegfried Macht, Hannover

M 3

Den Menschen ist ein „Dienst" aufgegeben, eine „ernste Verantwortung *für* die Schöpfung und vor dem Schöpfergott". Es wird den Menschen zugemutet, „die Erde als ‚Lebenshaus' zu entdecken und zu erschließen, aber sie als solches auch gegen Zerstörung zu sichern und zu schützen".

aus: Erich Zenger, Gottes Bogen in den Wolken. Stuttgart 1983, S. 180

M 4

Der Mensch hat Verantwortung für die Generationen der Menschheit, die nach ihm kommen. So wird die Schöpfung zum Erbe, das jedes Geschlecht den kommenden Geschlechtern schuldet und ihnen nicht wegkonsumieren, nicht mit unerträglichen Hypotheken belasten darf. Dies ist der kritische Punkt unserer heutigen Situation: Ausgeraubte und verbrauchte Schöpfung regeneriert sich nur teilweise, Ressourcen sind nicht unerschöpflich, Entwicklung geht nicht grenzenlos weiter, Nebenwirkungen heutigen Handelns sind oftmals Nachwirkungen für kommende Jahrhunderte. Verantwortung des Menschen für die Schöpfung ist Verantwortung dafür, das Erbe zu hüten und nicht anstelle eines Gartens eine Wüste zu hinterlassen.

aus: Zukunft der Schöpfung – Zukunft der Menschheit. Erklärung der Deutschen Bischofskonferenz zu Fragen der Umwelt und Energieversorgung, Bonn 1980

Karikatur: CCC (Jals), München

M 2

Worte der Bibel

Ich habe dir meine Worte in den Mund gelegt, / im Schatten meiner Hand habe ich dich verborgen. *(Jes 51,16)*

In Gottes Hand liegt die Herrschaft über den Erdkreis [...]. In Gottes Hand liegt der Erfolg eines Menschen. *(Jes Sir 10,4–5 a)*

Du öffnest deine Hand / und sättigst alles, was lebt, nach deinem Gefallen. *(Ps 145,16)*

Die Werke seiner Hände sind gerecht und beständig [...] *(Ps 111,7 a)*

aus: Einheitsübersetzung der Heiligen Schrift. © 1980 Katholische Bibelanstalt, Stuttgart

M 3

Er hält das Leben in der Hand

Text (deutsch): E. Bader.
Musik: Trad.: © 1964 by Masterphon Musikverlag GmbH, Köln

2. Er lenkt die Erde wunderbar,
er schenkt uns Sonne hell und klar,
er gibt uns Regen Jahr für Jahr,
er lenkt die Erde wunderbar.

3. Er hält mein Leben in der Hand,
er hält dein Leben in der Hand,
er hält die Erde in der Hand,
er hält uns alle in der Hand.

4. Er schützt den Sperling auf dem Baum,
er kennt den Käfer am Waldessaum,
er liebt die Lilien auf dem Feld,
er schützt das Leben in der Welt.

5. Er ist der Glaube Tag für Tag,
er ist die Liebe Tag für Tag,
er ist die Hoffnung Tag für Tag,
er segnet uns an jedem Tag.

A 26 „Endstation Müll“

M 1

Karikatur: Reinhard Alff, Dortmund

M 2

Plakat: Bund für Umwelt und Naturschutz Deutschland e.V., Bonn

M 3

Mene-Tekel

Hier stirbt ein Fisch und ein Vogel stirbt dort.
Wasser wird stinkig, ein Baum verdorrt.
Herzen versteppen, es wächst der Müll,
weil das Gesetz des Profits es so will.

Wir tanzen weiter ums Goldene Kalb.
Sieht denn noch keiner die Schrift an der Wand?
Mene-tekel-upharsim!

Nach mir die Sintflut! sagt mancher Christ.
Jeder sich selbst der Nächste ist.
Was kümmert mich euer Brot für die Welt,
Hauptsache: Ich kriege pünktlich mein Geld.

Straßen verstopft und kein Parkplatz frei.
Atembeschwerden vom Staub und vom Blei.
Wir produzieren Waren und Schrott.
Wir konsumieren, vergessen ist Gott.

aus: Hermann Josef Coenen, In Ninive und anderswo. Meditationen, Düsseldorf 1989. © H. J. Coenen

M 4 Projekt „KMA“

Alle Verpackungen aus Metall, Kunststoff und Verbundstoff gehören nicht in die Graue Hausmülltonne. Sie sind Wertstoffe, die wieder verwertet werden können.

Diese Verpackungswertstoffe werden deshalb gesondert gesammelt. Hierfür wurde in Neuss durch das Duale System die Gelbe Tonne bzw. der Gelbe Sack eingeführt.

Verpackungen aus Papier und Pappe gehören in die Papierbündelsammlung	
Glas gehört in die Glascontainer	**Restmüll gehört in die Graue Tonne**

Was gehört in die Gelbe Tonne/in den Gelben Sack?
Verpackungen aus:

Metall:
- Konservendosen
- Getränkedosen
- Verschlüsse (Schraubdeckel, Kronkorken)
- Aluschalen, Alufolien

Verbundstoffe:
- Getränke- und Milchkartons
- Vakuumverpackungen

Kunststoff:
- Folien und Beutel
- Tragetaschen
- Kunststoffflaschen (Wasch-, Spül- und Körperpflegemittel)
- Becher (Milchprodukte, Margarine)
- Schaumstoffe

und auch
- Elektronik- und Elektrokleingeräte bis zur Größe eines Staubsaugers. Sie werden aussortiert und der Elektronikschrottverwertung zugeführt.

Wie sollten die Wertstoffe eingefüllt werden?
- sauber und ohne Inhaltsstoffe
- Verpackungen nicht ineinander stecken
- keine Verpackungen mit Schadstoffinhalten, z. B. Lackdosen (→ Schadstoffmobil)

Wann?
Ihren Abfuhrbezirk finden Sie im anhängenden Straßenverzeichnis. Den dazu gehörenden Abfuhrtag entnehmen Sie bitte dem gelben Terminstreifen im Mittelblatt.
Bitte stellen Sie Ihre Gelbe Tonne oder Ihren Gelben Sack am Abfuhrtag ab 6.00 Uhr am Straßenrand bereit.

aus: AWL, Stadt Neuss, Heft: Abfall-Info ’98, S. 11

	Kunststoff	**Metall**	**Altglas**
	z. B. Jogurtbecher, Kunststoffflaschen, Tragebeutel	z. B. Konservendosen, Schraubdeckel, Aluschalen und -folien	z. B. Gläser, Flaschen, Glühbirnen
Mo			
Di			
Mi			
Do			
Fr			
Sa			
So			
	Müllbeutel 1 ☐	Müllbeutel 2 ☐	Karton oder Korb ☐

M 1

Foto: Schwedisches Filminstitut, Stockholm

M 2

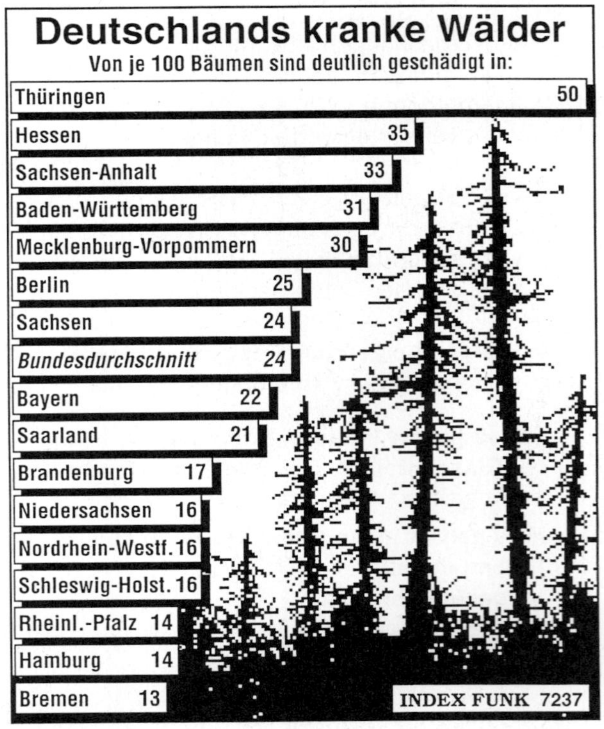

Globus-Kartendienst, Hamburg

M 3

Es sehnen sich die toten Arme
des einst so vollen Baumes
zurück zu neuem Grün
doch ohne Sinn bleibt das Bemühen –
es naht das Ende eines Traumes

Andreas Hassler

M 4

Gestutzte Eiche

Wie haben sie dich, Baum,
verschnitten,
Wie stehst du fremd und
sonderbar,
Wie hast du hundertmal
gelitten,
bis nur noch Trotz
und Wille in dir war!

M 5

Weissagung der Cree-Indianer

Erst wenn
der letzte Baum gerodet
der letzte Fluss vergiftet
der letzte Fisch gefangen
werdet Ihr feststellen
dass man Geld
nicht essen kann!

M 3–M 5 aus: Karl-Heinz Raach (Hrsg.), Wer möchte leben ohne den Trost der Bäume, Verlag Herder, Freiburg, 1986, S. 75, 76, 79

M 1

Leidende Kreatur

Roland Peter Litzenburger, Mich dürstet nach reinem Wasser, Feder, 1974

M 2

Nachricht

FRANKFURT. Zehntausend
Fische erstickten
im öligen Main.
Kein
Grund für die Bürger der Stadt
zu erschrecken.
Die
Strömung ist günstig,
sie treibt
das
Heer der silbernen Leichen,
der Fliegen geschmückten,
rasch
an den Quais vorbei.
Der Wind
verweht den Geruch,
ehe er unsere verletztlichen Sinne
erreicht.
Alles
ist auf das Beste geordnet.

Hans Kasper

aus: Hans Kasper, Nachrichten und Notizen, Goverts Verlag, Stuttgart 1957

M 3

Abendgebet der Tiere

Lieber Gott
du hast den Menschen erschaffen
als dein Ebenbild
so sagen sie
verzeih
wenn wir das nicht verstehen
wir, das vernunftlose Vieh
wie sie uns nennen
wurden doch auch von dir erschaffen
aber was tun sie mit uns
die Menschen
und was machen sie aus deiner Erde?
Lieber Gott
kannst du sie nicht neu erschaffen
und dir ein wenig ähnlicher machen
ein wenig nur
ein klein wenig nur
oder, wenn das zu viel verlangt ist
sie daran erinnern
– was sie vergessen haben –
dass auch wir deine Geschöpfe sind
sonst ist bald
kein Platz mehr
für uns
auf dieser
deiner Erde
das kannst du doch nicht wollen
lieber Gott?

Käthe Recheis

aus: Erich Joos/Herbert Holzing (Hrsg.), Sonne, Mond und Sterne. Das große Buch der Kindergebete, Würzburg 1997, S. 142. © Käthe Recheis

M 4

Ein Herz für Rinder ...

Foto: Reiner Pfisterer, Stuttgart

ANITA HESS

SCHUTZENGEL KÄMPFT GEGEN TIERTRANSPORTE

Eigentlich könnte die 30jährige Anita Hess ebenso wie viele andere Menschen ein ruhiges Leben führen. Doch sie verbringt ihren Urlaub lieber auf der Autobahn, wo sie gegen das Elend der Schlachttiere ankämpft. Die Freiburgerin gehört zum Verein „Animals' Angels".

Was machen die „Tierengel"?

Wir begleiten Schlachttiertransporte durch ganz Europa und kontrollieren, ob die Vorschriften für Ruhe- und Fütterungszeiten eingehalten werden und wie der Zustand der Tiere auf den Transportern ist. Kommen Verstöße vor, alarmieren wir die Polizei.

Ist das nicht gefährlich?

Beschimpfungen und Drohungen sind an der Tagesordnung, manchmal auch Angriffe. Wenn man sich davon beeinflussen lässt, braucht man gar nicht mehr weitermachen. Starke Nerven und viel Selbstbewusstsein gehören ebenso zu unserer Arbeit wie Belastbarkeit, Ausdauer und Willensstärke. Schließlich müssen wir uns alle im Klaren darüber sein, dass wir Tiere auf dem Weg in den Tod begleiten.

Trotzdem geben Sie nicht auf?

Nein. Wir kämpfen für das Ende der Schlachttiertransporte. Das Leid, das dort den Tieren angetan wird, ist unglaublich. Die Tiere werden nur noch als Handelsprodukt angesehen. Vollgestopfte Transporter, zu Tode getrampelte Tiere, Tierkinder, die vor Schwäche sterben, ...

Also nur was für starke Nerven?

Nicht jeder verkraftet diesen Anblick. Dazu kommt die körperliche Belastung. So eine Fahrt dauert meist zwei bis drei Tage. Wir fahren bei Tag und bei Nacht und bei jedem Wetter. Ganz zu schweigen von fremden Sprachen und Mentalitäten oder unkooperativen Amtspersonen.

Was bedeutet diese Arbeit für Sie?

Wir fahren in unserem Urlaub, auf eigene Kosten und mit dem eigenen PKW. Jeder weiß, dass sich durch diese Arbeit in seinem Leben etwas ändern wird. Wir ecken oft mit unserer Meinung bei anderen Leuten an. Wir verlieren Freunde, gewinnen aber auch neue dazu. Und wir sind trotz allem stolz darauf, uns für die Tiere einsetzen zu können.

Wer mitmachen möchte, kann Kontakt mit uns aufnehmen.
Animals' Angels e. V., Schmitten 6, 35325 Mücke

M 1

Karikatur: Gerhard Mester, Wiesbaden

M 3

Unerhört gefährdet

Wer auch nur mit halber Aufmerksamkeit verfolgt, was um ihn her geschieht, kann wissen, [...] wie unerhört gefährdet die Lebensräume von Menschen, Tier und Pflanze auf diesem Planeten sind. Man kann wissen, dass es so nicht weitergehen darf und handelt doch unverändert weiter wie bisher. Man kann wissen, dass sich um des Lebens auf dieser Erde willen etwas ändern muss. [...]
Die Welt verödet und die Menschen veröden mit und kein wachsender Wohlstand gleicht das Elend aus. Wer die Welt ausbeutet, beutet auch den Menschen aus. Der Mensch ist in das Wurzelwerk der Schöpfung eingebunden. Er lebt und stirbt mit ihr.

aus: Jörg Zink, Kostbare Erde. © Kreuz Verlag, Stuttgart 7. Aufl. 1992, S. 7 f.

M 2

Tausend Deutsche verbrauchen etwa zehnmal so viel wie tausend Argentinier, Philippinos oder Ägypter.

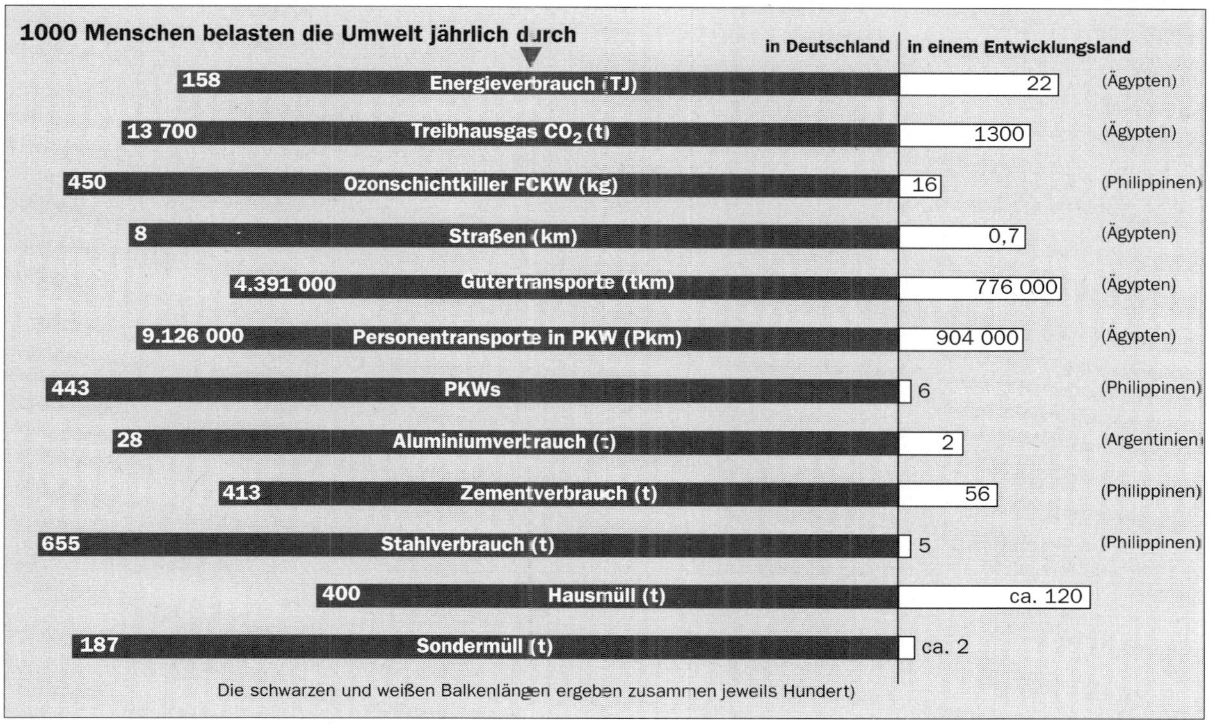

Grafik: Wuppertal Institut für Klima, Umwelt, Energie

Abbildung: © by Fernand Rausser, Bollingen

M 1 Sprengkraft

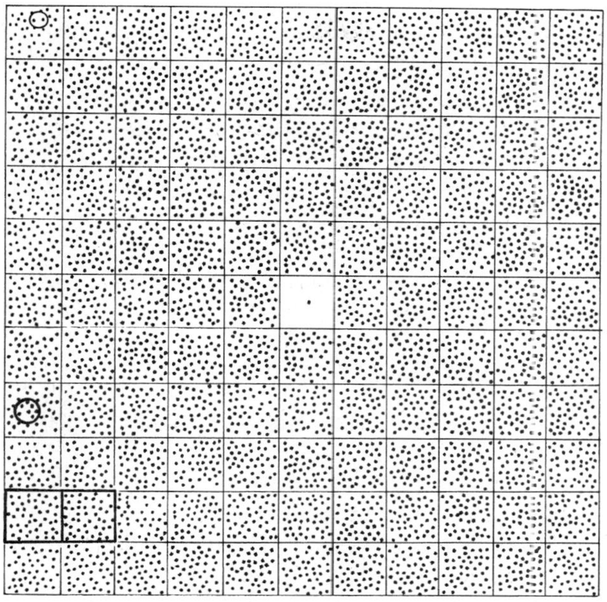

Zeichnung: Sven Palmowski, Stuttgart

Information

Der kleine Punkt in der Mitte dieser Grafik symbolisiert die Sprengkraft aller im Zweiten Weltkrieg verbrauchten Waffen: drei Megatonnen TNT. Die vielen anderen kleinen Punkte markieren die Sprengkraft des nuklearen Arsenals dieser Welt: 16 000 Megatonnen. Dies reicht aus, um einen Konflikt wie den Zweiten Weltkrieg 5000-mal zu führen. Die eingekreisten Punkte links oben stehen für die Feuerkraft eines amerikanischen U-Boots. Das heißt, ein einziges U-Boot verfügt über die doppelte Feuerkraft des Zweite-Weltkriegs-Arsenals.
Der Kreis links unten symbolisiert die Feuerkraft eines neuen amerikanischen U-Boots. Die Pünktchen verraten noch mehr. Die beiden gerahmten Kästen links unten stehen für 250 Megatonnen TNT, genug, um alle großen und mittleren Städte der Erde zu vernichten.

M 2 Hirata – ein Mädchen aus Hiroshima erzählt

Ich war fünf Jahre alt, als die Atombombe auf unsere Stadt kam. Nachdem ich Vater zum Büro gebracht hatte, spielte ich vor dem Haus. Plötzlich gab es eine Wolke aus gelbem Rauch und einen unbeschreiblichen lauten Krach. Mir war, als ob etwas sehr Schweres auf mich drückte und ich konnte mich nicht bewegen. Allmählich wurde der Rauch dünner und ich konnte erkennen, dass das Haus zerstört war. Mutter gelang es, aus der zerstörten Küche herauszukommen. Im Haus selbst konnte man keinen Schritt tun. Die Großmutter war krank und hatte im Schlafzimmer im Bett gelegen. Sie wurde so, wie sie war, verwickelt im Bettzeug, durch den großen Druck herausgeschleudert. Glücklicherweise wurde sie überhaupt nicht verletzt.
„Hilfe, Hilfe!“ Als Mutter diesen Schrei hörte, eilte sie nach nebenan und fand die Großmutter der Nachbarn unter den Ruinen ihres Hauses gefangen. Mutter warf Dachziegel, Gebälk und Glas beiseite und zog sie heraus. Flammen erhoben sich und wir konnten keine Minute länger im Haus bleiben. Mutter nahm Großmutter auf den Rücken und wir kletterten auf das Flussufer. Viele Menschen flohen aus der Stadt. Fast keiner von ihnen war wieder zu erkennen. Manchen war die Haut weggebrannt, ihre Gesichter waren rot und geschwollen, man sah rohes Fleisch und es war schwer zu erkennen, wo ihre Augen und ihr Mund waren.
Rauch von den brennenden Häusern lag über der Stadt; es war schwarz wie die Hölle und der ganze Himmel war bedeckt. Es war ein schrecklicher Anblick. Ich klammerte mich an Mutter, mein ganzer Körper zitterte. Da kam Vater heraufgerannt. Sein Gesichtsausdruck war unbeschreiblich von Schmerz erfüllt. Er hatte eine furchtbare Wunde auf dem Rücken und man konnte nicht sagen, ob sie schwarz oder gelb war, aber es war eine schreckliche Farbe. Das Haar auf seinem Kopf sah aus, als ob es mit Asche bedeckt war. Als wir das Flussufer entlang flohen, überholten wir immer mehr Menschen, die nicht mehr Kraft zum Weitergehen hatten und hingefallen waren. Wenn ich jetzt meine Augen schließe, erinnere ich mich an all diese furchtbaren Anblicke und mir ist, als zittere ich wieder.
Bald danach starb Vater an der radioaktiven Krankheit. Die Wunde an meinem Bein heilte lange nicht und es dauerte ein ganzes Jahr, bis ich keinen Verband mehr zu tragen brauchte.
Ich verabscheue aufrichtig einen derartigen fürchterlichen Krieg. Bitte, jedermann in Japan und jedermann in der ganzen Welt, bitte, macht nicht noch einen Krieg und lasst uns zusammengehen und einander in Frieden an den Händen halten. Lasst uns glücklich leben … Ich denke, es ist besser, wenn keine Atombomben gemacht werden.

aus: Internationale Frauenliga für Frieden und Freiheit, Hamburg; abgedruckt in: Vorlesebuch Religion 1, hrsg. von D. Steinwede und S. Ruprecht, 1971, S. 286 f.

Am Anfang schuf Gott
Himmel und Erde

Aber nach vielen Jahrmillionen
war der Mensch endlich klug genug.
Er sprach: Wer redet hier von Gott?
Ich nehme meine Zukunft selbst in die Hand.
Er nahm sie
und es begannen die letzten sieben Tage der Erde.

Am Morgen des ersten Tages

beschloss der Mensch,
frei zu sein und gut, schön und glücklich.
Nicht mehr Ebenbild eines Gottes,
sondern ein Mensch.
Und weil er etwas glauben musste,
glaubte er an die Freiheit und an das Glück,
an Zahlen und Mengen,
an die Börse und den Fortschritt,
an die Planung und seine Sicherheit.
Denn zu seiner Sicherheit
hatte er den Grund zu seinen Füßen gefüllt
mit Raketen und Atomsprengköpfen.

Am zweiten Tage

starben die Fische in den Industriegewässern,
die Vögel am Pulver aus der chemischen Fabrik,
das den Raupen bestimmt war,
die Feldhasen an der Bleiwolke
von der Straße,
die Schoßhunde an der schönen roten Farbe der Wurst,
die Heringe am Öl auf dem Meer
und an dem Müll auf dem Grunde des Ozeans.
Denn der Müll war aktiv.

Am dritten Tage

verdorrte das Gras auf den Feldern
und das Laub an den Bäumen
und das Moos an den Felsen
und die Blumen in den Gärten.
Denn der Mensch machte das Wetter selbst
und verteilte den Regen nach genauem Plan.
Es war nur ein kleiner Fehler
in dem Rechner, der den Regen verteilte.
Als sie den Fehler fanden,
lagen die Lastkähne auf dem trockenen Grund
des schönen Rheins.

Am vierten Tage

gingen drei von vier
Milliarden Menschen zugrunde.
Die einen an den Krankheiten,
die der Mensch gezüchtet hatte,
denn einer hatte vergessen,
die Behälter zu schließen,
die für den nächsten Krieg bereit standen.
Und ihre Medikamente halfen nichts,
die hatten zu lange schon wirken müssen
in Hautcremes und Schweinelendchen.
Die anderen starben am Hunger,
weil etliche von ihnen den Schlüssel
zu den Getreidesilos versteckt hatten
und sie fluchten Gott,
der ihnen doch das Glück schuldig war.
Er war doch der liebe Gott.

Am fünften Tage

drückten die letzten Menschen den roten Knopf,
denn sie fühlten sich bedroht.
Feuer hüllte den Erdball ein,
die Berge brannten, die Meere verdampften
und die Betonskelette in den Städten
standen schwarz und rauchten.
Und die Engel im Himmel sahen,
wie der blaue Planet rot wurde,
dann schmutzig braun und schließlich aschgrau.
Und sie unterbrachen ihren Gesang
für zehn Minuten.

Am sechsten Tage

ging das Licht aus.
Staub und Asche verhüllten die Sonne,
den Mond und die Sterne.
Und die letzte Küchenschabe,
die in einem Raketenbunker überlebt hatte,
ging zugrunde an der übermäßigen Wärme,
die ihr gar nicht gut bekam.

Am siebten Tage

war Ruhe.
Endlich.
Die Erde war wüst und leer
und es war finster über den Rissen und Spalten,
die in der trockenen Erdrinde
aufgesprungen waren.
Und der Geist des Menschen
irrlichterte als Totengespenst über dem Chaos.

Tief unten in der Hölle aber
erzählte man sich die spannende Geschichte
von dem Menschen,
der seine Zukunft in die Hand nahm
und das Gelächter dröhnte hinauf
bis zu den Chören der Engel.

aus: Jörg Zink, Sieh nach den Sternen – gib acht auf die Gassen. Erinnerungen. © Kreuz Verlag, Stuttgart 7. Aufl. 1995, S. 335 ff.

M 1 Gelassene Natur

Was kümmert dich, Natur,
Des Menschen Los?
Du hegst und achtest nur
Die Frucht im Schoß.

Nicht störet deine Ruh
Der Lärm der Schlacht;
Nicht weinst und wachest du
Mit dem, der wacht.

Dein Ohr vernimmt es kaum
Das bittre Weh.
Es blüht dein Blütenbaum
So schön wie je.

Manch armer Leib verwest
Lebendig tot,
Indessen du begehst
Das Abendbrot.

Dir kann es gleichviel sein,
Wer wen erschlug;
Wir gehen in dich ein,
Das ist genug.

Marie-Luise Kaschnitz

M 2

Die Natur setzt sich durch

Vision der Forschung: Wenn die Menschen gehen, versinken die Städte

Von Peter Michalski

London – Man stelle sich vor: Großalarm in einer Weltstadt, die Menschen werden evakuiert – und sie kehren nicht zurück. Was wird aus der verlassenen Metropole? Am Beispiel London hat das englische Wissenschaftsmagazin „New Scientist“ von Botanikern, Biologen, Bauexperten und anderen Fachleuten das Undenkbare durchspielen lassen. Das Ergebnis ist bestürzend: Die Tünche menschlicher Zivilisation ist so dünn und brüchig, dass nach ein paar hundert Jahren alle Spuren verschwunden sein würden.

Schon im ersten Jahr wächst Löwenzahn im Rinnstein, Sträucher treiben ihre Wurzeln durch Ziegel und Mörtel. Ein Teppich aus Gräsern und Klee entrollt sich und dient als Nährboden für andere Pflanzen. Den ersten Erlen folgen weitere Baumarten. Wurzelwerk bricht das Straßenpflaster auf. Fünf Jahre später, nach einem trockenen Sommer, genügt ein Blitzeinschlag, um eine Feuersbrunst auszulösen. Verkohltes Dachgebälk mischt sich mit dem Laubteppich zu idealem Dünger. Bodenerosion, Stürme und Springfluten reißen die Uferbefestigungen der Themse ein. Der Fluss wird breiter, aber seichter. Das umliegende Gebiet verwandelt sich langsam in das Marschland zurück, das es vor der Besiedlung war. In der früheren Innenstadt blühen Orchideen.

Gegen Ende des ersten Jahrzehnts entfaltet sich die Fauna. Insekten summen herum und dienen als Nahrung für Vögel. Füchse huschen durch die Straßen, Fledermäuse nisten in den Ruinen. Zwar sind die Tauben mangels Fütterung vom Trafalgar Square verschwunden, ebenso wie die Ratten aus der Kanalisation. Dafür tummeln sich Mäuse an der Nelson-Säule – ein Paradies für Katzen.

Ohne Menschen und Industrie gibt es weder Umweltverschmutzung noch sauren Regen. Deshalb stehen die Büroklötze aus alkalinem Beton noch, wenn nach 30 Jahren bereits die Eisenbrücken durchrosten und zwei Jahrzehnte später auch Steinbrücken in die Themse krachen. Über diese künstlichen Wehre springen Lachse. Im ersten Drittel des 21. Jahrhunderts gleicht das Stadtbild der Landschaft eines Fiebertraums: Fünf Meter hoch wuchert Holunderdickicht. An Hochhäusern und Kirchtürmen klettert Efeu. Von den Holzbauten sind bald alle Spuren getilgt. Ziegelruinen kann man noch ein paar hundert Jahre erkennen. Nach 200 Jahren nagt der Zahn der Zeit – Korrosion, Kohlendioxid, Pflanzenfäule – auch an Betongebäuden. Der Grundwasserspiegel steigt, die Fundamente sinken tiefer in den Lehmboden.

Auch Canary Wharf in den Londoner Docklands, mit 244 Metern Englands höchster Wolkenkratzer, sei Mitte des 24. Jahrhunderts „ein schiefer Turm“, prognostizieren die Wissenschaftler. Bald darauf stürze auch er zusammen. „Nach tausend Jahren steht in der Flutebene Londons so gut wie kein Gebäude mehr“, schreibt „New Scientist“. „Dichte Wälder wuchern, wo Menschen wohnten, die Trümmer sind im Sumpf versunken. Und London ist kein Schandfleck mehr in der Landschaft.“

M 1

Altorientalisch-biblisches Weltbild

(um 2000 v. Chr.)

Im **Alten Orient** (z. B. Babylon) stellt man sich die Welt in drei Stockwerken vor, die den Himmel, die Erde und die Unterwelt umfasst. Die scheibenförmige Erde ruht auf Säulen, welche im Weltmeer (Urozean) stehen. Unter der Erde befindet sich die Unterwelt (Scheol), der Ort der Verstorbenen. Über der Erde wölbt sich wie eine Halbkugel das Firmament. Es trennt das Wasser des Himmelsozeans von den Wassern des Urozeans. Über dem Himmelsozean befindet sich der Feuerhimmel mit dem Wohnsitz Gottes.

Ps 104,2–3

Abb. M 1 und M 2 rechts aus: W. Trutwin/K. Breuning/R. Mensing, Zeichen der Hoffnung, Patmos Verlag Düsseldorf, S. 245

M 2

Ptolemäisches Weltbild

(um 140 n. Chr.)

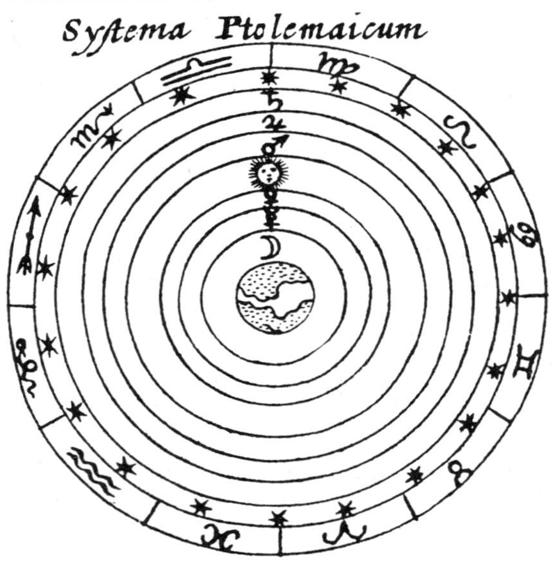

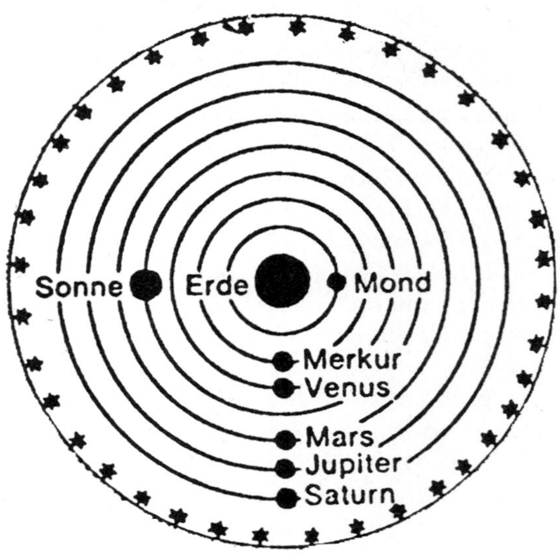

Abbildung links: Österreichische Nationalbibliothek, Wien

Der griechische Philosoph Aristoteles ging davon aus, dass die Erde Mittelpunkt der Welt sei und Gott von außen die Bewegung der Planeten lenke. Diese Vorstellung griff Claudius Ptolemäus (70–147 n. Chr.), berühmtester Astrologe des Altertums, auf und fasste sie mit eigenen Beobachtungen zusammen. Es entstand das „geozentrische Weltbild", nach dem die Erde Zentrum der Welt ist. Mond, Merkur, Venus, Mars, Jupiter und Saturn drehen sich mit der Sonne um die Erde.

M 1

Der Blick ins Weltall

Symbolische Darstellung der Durchbrechung des mittelalterlichen Weltbildes. Kolorierter Holzschnitt von 1888

Foto: AKG, Berlin

Der Holzschnitt von 1888 zeigt das mittelalterlich-ptolemäische Weltsystem: Über der flachen Erdscheibe strahlt die Sonne. An einer riesigen Kristallschale sind die Sterne befestigt. Ein Mensch sieht erschrocken in den Himmelsraum.
Der Holzschnitt symbolisiert, dass eine neue geistige Epoche angebrochen ist. Der Mensch durchbricht das mittelalterliche Weltbild, den bisherigen Horizont seines Denkens und Wissens.

M 2

Kopernikalisches Weltbild

(um 1600 n. Chr.)

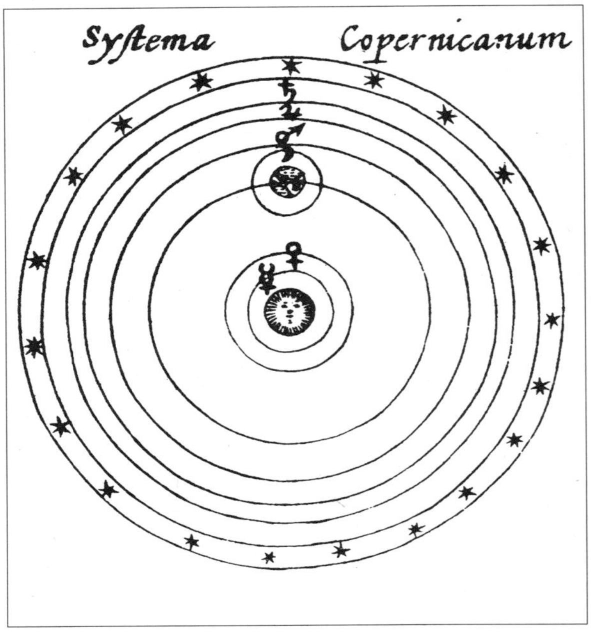

Abbildung: Österreichische Nationalbibliothek, Wien

Schon Nikolaus Kues (1401–1464), ein deutscher Kardinal, zeigte auf, dass die Erde nicht Mittelpunkt der Welt ist, weil man Gott in der Mitte suchen müsse.
Die entscheidende Wende brachte hundert Jahre später der Domherr Nikolaus Kopernikus (1473–1543) im ostpreußischen Frauenburg. Mit seinen astronomischen Forschungen stellte er das ptolemäische und somit auch das biblische Weltbild in Frage.
Kopernikus behauptete: Die Erde ist nicht die Mitte des Universums. Sie ist ein Planet wie jeder andere auch; sie dreht sich (täglich) um die eigene Achse und (jährlich) um die Sonne. Diese bildet das Zentrum des Weltalls.
Diese Auffassung wurde durch die Entdeckung der Planetenbewegungen durch Johannes Kepler (1571–1630) und durch Beobachtungen von Galilei (1564–1642) und Newton (1643–1727) bestätigt. Dieses „heliozentrische Weltbild" (griech.: helios = Sonne) wurde zunächst heftig kritisiert, da es der christlichen Weltvorstellung widersprach.

Abbildungen: bpk, Berlin

Nikolaus Kopernikus

Galileo Galilei

Johannes Kepler

M 1

Am 15. Februar 1564 wurde Galileo Galilei in Pisa geboren. Mit 28 Jahren wurde er Professor für Mathematik. Er beschäftigte sich auch mit Astronomie und entdeckte z. B. den Sternenreichtum der Milchstraße. Galilei meinte, dass sich „Bibel und Naturwissenschaft(en)" nicht widersprechen; für ihn gibt es nur eine Wahrheit. 1616 kam es zum Konflikt mit der Katholischen Kirche, die im Gegensatz zu Galilei am geozentrischen Weltbild festhielt. Er dagegen ergriff Partei für das heliozentrische (kopernikalische) Weltsystem. Galilei wurde der Prozess gemacht, der mit seiner Abschwörung und Verurteilung (Haft) am 22.6.1633 endete. 1642 starb Galilei.

M 2

Aus Bertolt Brechts Stück:

„Leben des Galilei"

„Ich höre, dieser Herr Galilei versetzt den Menschen aus dem Mittelpunkt des Weltalls irgendwohin an den Rand. Er ist folglich deutlich ein Feind des Menschengeschlechts! Als solcher muß er behandelt werden. Der Mensch ist die Krone der Schöpfung, das weiß jedes Kind, Gottes höchstes und geliebtes Geschöpf. Wie könnte er es, ein solches Wunderwerk, eine solche Anstrengung, auf ein kleines, abseitiges und immerfort weglaufendes Gestirnlein setzen? Würde er so wohin seinen Sohn schicken?"

„Ich bin nicht irgendein Wesen auf irgendeinem Gestirnchen, das für kurze Zeit irgendwo kreist. Ich gehe auf einer festen Erde, in sicherem Schritt, sie ruht, sie ist der Mittelpunkt des Alls, ich bin im Mittelpunkt und das Auge des Schöpfers ruht auf mir und auf mir allein."

„Da ist kein Unterschied mehr zwischen Oben und Unten, zwischen dem Ewigen und dem Vergänglichen. Daß wir vergehen, das wissen wir. Daß auch der Himmel vergeht, das sagen sie uns jetzt. Sonne, Mond und Sterne und wir leben auf der Erde, hat es geheißen und steht es geschrieben; aber jetzt ist auch die Erde ein Stern nach diesen da. Es gibt nur Sterne! Wir werden den Tag erleben, wo sie sagen: Es gibt auch nicht Mensch und Tier, der Mensch selber ist ein Tier, es gibt nur Tiere!"

M 3

Galileis „Abschwörungsurkunde"

Ich, Galileo, Sohn des Vincenz Galilei aus Florenz, siebzig Jahre alt, stand persönlich vor Gericht und ich knie vor Euch Eminenzen. [...] Ich habe vor mir die heiligen Evangelien, berühre sie mit der Hand und schwöre, dass ich immer geglaubt habe, auch jetzt glaube und mit Gottes Hilfe auch in Zukunft glauben werde, alles was die heilige katholische und apostolische Kirche für wahr hält, predigt und lehrt. Es war mir von diesem Heiligen Offizium von Rechts wegen die Vorschrift auferlegt worden, dass ich völlig die falsche Meinung aufgeben müsse, dass die Sonne der Mittelpunkt der Welt ist und dass sie sich nicht bewegt und dass die Erde nicht der Mittelpunkt der Welt ist und dass sie sich bewegt. Es war mir weiter befohlen worden, dass ich diese falsche Lehre nicht vertreten dürfe, sie nicht verteidigen dürfe und dass ich sie in keiner Weise lehren dürfe, weder in Wort noch in Schrift. Es war mir auch erklärt worden, dass jene Lehre der Heiligen Schrift zuwider sei. Trotzdem habe ich ein Buch geschrieben und zum Druck gebracht, in dem ich jene bereits verurteilte Lehre behandele [...], ohne jedoch zu irgendeiner Entscheidung zu gelangen. Daher bin ich der Ketzerei in hohem Maße verdächtig befunden worden, darin bestehend, dass ich die Meinung vertreten und geglaubt habe, dass die Sonne Mittelpunkt der Welt und unbeweglich ist und dass die Erde nicht Mittelpunkt ist und sich bewegt. Ich möchte mich nur vor Euren Eminenzen und vor jedem gläubigen Christen von jenem schweren Verdacht, den ich gerade näher bezeichnete, reinigen. Daher schwöre ich mit aufrichtigem Sinn und ohne Heuchelei ab, verwünsche und verfluche jene Irrtümer und Ketzereien [...]. Ich, Galileo Galilei, habe abgeschworen, geschworen, versprochen und mich verpflichtet, wie ich eben näher ausführte. Zum Zeugnis der Wahrheit habe ich diese Urkunde meines Abschwörens eigenhändig unterschrieben und sie Wort für Wort verlesen, in Rom im Kloster der Minerva am 22. Juni 1633. Ich, Galileo Galilei, habe abgeschworen und eigenhändig unterzeichnet."

aus: Herbert Gutschera und Jörg Thierfelder, brennpunkte der kirchengeschichte, Paderborn 1976, S. 166 f.

◀ aus: Bertolt Brecht, Gesammelte Werke, Bd. 3. © Suhrkamp Verlag Frankfurt am Main 1967, S. 1281, 1282, 1280 f.

M 1

Ägyptisches Weltbild

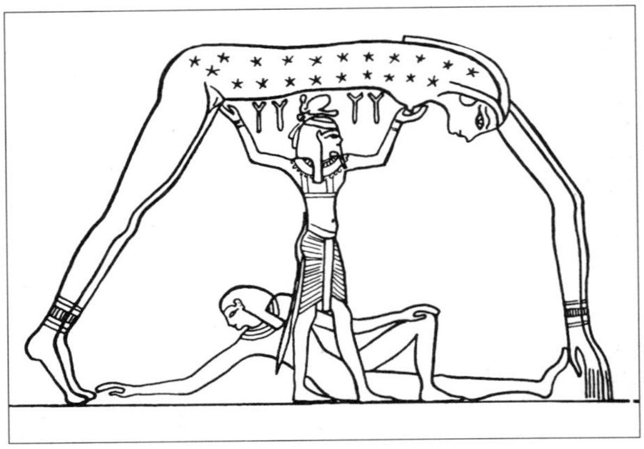

aus: Othmar Keel, Die Welt der altorientalischen Bildsymbolik und das AT, Zürich 1980, S. 27

M 2

Modernes Weltbild

Foto: Astrofoto/Leichlingen, Shigemi Numazawa

M 3

Der Schneider von Ulm

(Ulm 1592)

Bischof, ich kann fliegen
Sagte der Schneider zum Bischof.
Paß auf, wie ich's mach!
Und er stieg mit so 'nen Dingen
Die aussahn wie Schwingen
Auf das große, große Kirchendach.

Der Bischof ging weiter.
Das sind lauter so Lügen
Der Mensch ist kein Vogel
Es wird nie ein Mensch fliegen
Sagte der Bischof zum Schneider.

Der Schneider ist verschieden
Sagten die Leute dem Bischof.
Es war eine Hatz.
Seine Flügel sind zerspellet
Und er liegt zerschellet
Auf dem harten, harten Kirchenplatz.

Die Glocken sollen läuten
Es waren nichts als Lügen
Der Mensch ist kein Vogel
Es wird nie ein Mensch fliegen
Sagte der Bischof den Leuten.

Bertolt Brecht

aus: Bertolt Brecht, Gesammelte Werke, Bd. 9. © Suhrkamp Verlag, Frankfurt a. M. 1967, S. 645 f.

M 4

Glaube und Wissen

Es gibt „Dinge, die wir wissen, und andere, die wir nur glauben können. Gerne wird dieser Gegensatz aufgestellt. Er ist falsch. Wer von Wissen und Glauben als Gegensätzen spricht, hat nichts verstanden. Es gibt vielmehr ein Wissen der Wissenschaftler und ein Wissen des Glaubens. Das Wissen, das dem Glauben eigen ist, ist anders gesichert als das der Wissenschaft. Scheinbar schwächer. Aber es bewahrheitet sich auf eigene Weise."
Das heißt: „Dieselbe Wirklichkeit kann man unter verschiedenen Gesichtspunkten betrachten und jedesmal sieht sie anders aus."

aus: Evangelischer Erwachsenenkatechismus, S. 29 f., 166

Was das Verhältnis zwischen Glauben und Wissenschaft betrifft, so sind hier viele Scheinprobleme entstanden, weil man für Glauben hielt, was es nicht war und für Wissenschaft hielt, was es nicht war. Über den Lauf der Sterne und die Entstehung der Welt hat die Offenbarung keine Aussage. Über das Tiefste unseres Lebens und woher die Welt kommt, darüber hat die Wissenschaft keine Aussage. Weil aber Glaube und Wissenschaft es mit derselben Wirklichkeit zu tun haben, sind immer wieder Konflikte möglich. Doch das sind bloß Scheinkonflikte, weil es nur *eine* Wahrheit gibt.

aus: Glaubensverkündigung für Erwachsene. Deutsche Ausgabe des Holländischen Katechismus, Dekker & Van de Vegt N. V., Nijmwegen-Utrecht 1968, S. 330

M 1

Vor etwa drei Milliarden Jahren, zwei Milliarden Jahre nach Entstehung der Erde, bildete sich erstes Leben auf unserem Planeten. Seither hat es sich ausgebreitet und differenziert. Immer neue Lebensformen wurden hervorgebracht, immer neue Lebensräume erobert. Viele Organismenarten starben allerdings aus oder leben nur noch in verwandten Arten fort. Alles in allem ist heute aus der einen Art des Anfangs eine Fülle von etwa zwei Millionen gegenwärtig lebender, verschiedener Organismenarten hervorgegangen. Das ‚Grundgesetz' ihrer Fortentwicklung war dabei die Evolutionstheorie Darwins.

aus: Roland Gööck (Hrsg.), Menschen, die die Welt veränderten, Reinhard Mohn OHG, Gütersloh o. J., S. 195

M 2

Charles R. Darwin (1809–1882) Foto: AKG, Berlin

Die Lehre Darwins breitete sich schnell aus und gab der modernen Biologie ihr Fundament: Evolution ist eine unleugbare Tatsache.

nach: Roland Gööck (Hrsg.), Menschen, die die Welt veränderten, a. a. O., S. 194

M 3

Evolutionstheorie

Erste Eindrücke zu seiner berühmten Evolutionstheorie sammelte der Engländer *Charles Darwin* auf seiner Forschungsreise zu den Galápagos-Inseln, wo sich viele Tierarten (z. B. Leguane) wie in einem „Laboratorium der Stammesgeschichte" unbeeinflusst entwickelten. Grundlage der Evolutionstheorie ist die Feststellung Darwins, dass die Evolution auf dem Zusammenspiel von „Mutationen" (Änderungen der Erbmerkmale) und umweltbedingter „Selektion" (Auslese) beruht. Auf diese Weise entstehen immer wieder neue, eigenständige Arten von Lebewesen. Daher bildet der Mensch keineswegs den Höhe- und Schlusspunkt der Entwicklung.

Alle Lebewesen haben sich aus einfachen Urformen bis hin zum Menschen entwickelt. Daher gilt das Gesetz:

„Evolution" = Mutation + Selektion

Im Jahre 1859 erschien Darwins Grundwerk *Die Entstehung der Arten* mit dem berühmten Schlusssatz: „Viel Licht wird auf den Ursprung des Menschen und seine Geschichte geworfen werden." Dies stieß auf den Protest kirchlicher und wissenschaftlicher Autoritäten. Sie empfanden die Annahme, dass der Schimpanse der Urahn des Menschen sei, als eine Provokation.

M 4

Zitat

„Wenn ich die Organismen nicht als Sonderschöpfungen (der „Mensch als Krone" der Schöpfung), sondern als unmittelbare Nachkommen weniger Wesen betrachte, die schon lebten, ehe die erste kambrische Schicht (vor 590 Mio. Jahren) sich gebildet hatte, so scheinen sie mir dadurch veredelt zu werden."

aus: Charles Darwin, Die Entstehung der Arten durch natürliche Zuchtwahl, übersetzt von Carl W. Neumann, Stuttgart 1989, S. 677

M 1

„Erde!“ sagten sie und im Augenblick war sie geschaffen. In Nebel, Wolken und Staub geschah die Schöpfung, als die Berge sich aus den Wassern erhoben und sogleich wuchsen die Berge.

aus: Popol Vuh, Heiliges Buch der Maya, aus dem Quiché übertragen und erläutert von Wolfgang Cordan, Eugen Diederrichs Verlag München, 1990

M 2

Die Urknall-Hypothese

Dieses kosmologische (Weltentstehungs-)Modell geht davon aus, dass vor rund 17 Milliarden Jahren der „Urknall“ stattfand: Die Urmaterie befand sich auf engstem Raum in einem Zustand unendlich dichter Strahlung und Energie. Dies führte zu einer spontanen Explosion des Urmaterials, das mit hoher Geschwindigkeit auseinander strebte. Dabei kam es zu einem äußerst starken Temperaturabfall: Nach dem Urknall sank die (Ur-)Temperatur von über einer Milliarde Grad auf –270°C ab; die Urmasse kondensierte. Das war die Geburtsstunde von Raum und Zeit: Es entstanden Atomteilchen (Elektronen, Protonen, Neutronen), aus denen sich die Atomkerne leichter Elemente wie Wasserstoff und Helium bildeten. Erst 100 000 Jahre nach dem Urknall entstanden in dem mit Strahlung durchfluteten Weltall die ersten einfachen Atome, die sich mit anderen und immer wieder anderen Teilchen zu Elementen verdichteten.

Nach ein bis zwei Milliarden Jahren bildeten sich die ersten Galaxien. Unsere Milchstraße gewann vor etwa zehn Milliarden Jahren Gestalt. Sonne und Erde entstanden vor 4,6 Milliarden Jahren.

nach: Der Große Brockhaus, Kompaktausgabe, Bd. 22, Wiesbaden 1984, S. 350. – Carl Friedrich v. Weiszäcker, Die Geschichte der Natur, Göttingen 1964, S. 53 f.

M 3

Unsere Vorgeschichte

Es gab einmal eine Zeit, lange bevor Sonne und Erde existierten, ehe es Tag oder Nacht gab: Eine unendlich große Masse von Gas und Staub bricht unter ihrem Gewicht zusammen, dreht sich immer schneller und wandelt sich von einer chaotischen Wolke in eine dünne Scheibe, deren Mittelpunkt glüht. Die Sonne ist geboren. Sie wird während der nächsten fünf Milliarden Jahre scheinen. Eine Million kleiner Miniwelten drehen sich um das große Feuer in der Mitte. Sie rasen um die Sonne, jede in einer geringfügig unterschiedlichen Umlaufbahn. Es ist nur eine Frage der Zeit, bis diese Welten zusammenstoßen. Es herrscht eine fast unvorstellbare Gewalt. Manchmal ist der Zusammenstoß der Welten so verheerend, dass die Explosion nichts als Scherben und Fragmente übrig lässt. Andere Miniwelten entgehen durch einen glücklichen Zufall einem Zusammenstoß und bilden Doppelwelten. Sie wachsen zu größeren, nahezu vollkommenen Kugeln mit eigenen Flugbahnen. Sonnenlicht durchflutet den interplanetarischen Raum.

Mit voranschreitender Zeit reduzieren sich Umwandlung und Durcheinander des Sonnensystems. Manche Himmelskörper sind zum Überdauern, andere zur Auflösung oder zum Exil bestimmt. Größere Welten beginnen nach Erreichen einer bestimmten Masse wieder Staub und Gas anzuziehen. Sie umgeben sich mit einer riesigen Atmosphäre aus Wasserstoff und Helium, während ihr Kern aus Felsmasse und Metall besteht. Sie werden zu den gigantischen Planeten Jupiter, Saturn, Uranus und Neptun. Eine Welt von der Größe der Erde rammt den Uranus und drückt ihn auf die Seite. Einige andere Welten werden zu Planeten nach der Art der Erde. Unter solchen Umständen wurde vor 4,5 oder 4,6 Milliarden Jahren die Erde geboren: eine kleine Welt aus Fels und Metall. Sie zeigt unverkennbare Narben von Zusammenstößen mit Asteroiden und Kometen. – Die Materie, aus der die Erde aufgebaut ist, kam im Himmel zueinander.

nach: Carl Sagan/Ann Druyan, Schöpfung auf Raten. © 1993 Droemer Knaur Verlag, München 1995, S. 29 ff.

Einblick in die Entwicklung der Erde (M 1) und des Lebens (M 2)

M 1

Archaikum, 4,6 Mrd. Jahre: Entstehung der Erde

Präkambrium, 3,5 Mrd. Jahre: Erstarrung der Erdkruste, erste Lebensspuren (Blaualgen)

Proterozoikum, 2,5 Mrd. Jahre: erste vielzellige Pflanzen und Tiere in den Flachmeeren, erste skelettähnliche Elemente

Kambrium, 590 Mio. Jahre: reiches Leben im Meer, erste Tiere mit Außenskelett

Ordovizium, 505 Mio. Jahre: erste Wirbeltiere (kieferlose Fische), Entfaltung wirbelloser Meerestiere

Silur, 438 Mio. Jahre: erste Landpflanzen, kiefertragende Fische

Devon, 408 Mio. Jahre: Auftreten von Samenpflanzen, erste Landwirbeltiere (Amphibien) und Insekten

Karbon, 360 Mio. Jahre: Blütezeit der niederen Gefäßpflanzen (Farne, Schachtelhalme, Bärlappe), erste Nadelbäume, erste Reptilien

Perm, 286 Mio. Jahre: Baumfarne, Massensterben vieler Meerestiere, Vielfalt der Uramphibien und Urreptilien

Trias, 248 Mio. Jahre: erste Säugetiere, Dinosaurier, Flugsaurier und Krokodile, Vorherrschaft säugetierähnlicher Reptilien

Jura, 213 Mio. Jahre: erste Vögel (Archaeopteryx), erste echte Knochenfische, Vielfalt der Saurier

Kreide, 144 Mio. Jahre: erste Blütenpflanzen, Laubbäume, weite Verbreitung und Aussterben der Dinosaurier, erste Primaten

Tertiär, 65 Mio. Jahre: Übergang zu mildem Klima, rasche Entwicklung der Säugetiere, Flora und Fauna nähern sich der Gegenwart

Quartär, 2 Mio. Jahre: mehrfacher Klimawechsel mit Eiszeiten, Auftreten des Menschen, Mammut

aus: natur. Das Umweltmagazin, Nr. 5, Mai 1993, S. 62 ff.

M 2

Neue Ionen-Mikrosonde stieß auf elementaren Kohlenstoff

Leben auf der Erde bereits vor 3,8 Milliarden Jahren

Bereits vor 3,8 Milliarden Jahren hat es Leben auf der Erde gegeben. Dies haben jetzt Geochemiker nachgewiesen. Eine neue Analyse bestätigte, dass grönländisches Gestein aus dieser Zeit kohlenstoffhaltiges Material enthält. Es dürfte sich um Spuren der wahrscheinlich ersten Mikroorganismen auf der Erde handeln, berichtet das Wissenschaftsjournal „Science" (Bd. 275, S. 38). Schon bei früheren Untersuchungen von Apatit-Gestein hatten Wissenschaftler solch frühes Leben vermutet, die These aber galt in Fachkreisen als unbewiesen.

Theorien bestätigt

Nach einem Bericht des Experten Heinrich D. Holland von der Harvard-Universität in Cambridge (US-Staat Massachusetts) ist der Durchbruch einer neuen Ionen-Mikrosonde zu verdanken. Mit ihr gelang es, die isotopische Beschaffenheit des elementaren Kohlenstoffs zu entschlüsseln und mit anderen Funden zu vergleichen. Der Wissenschaftler resümierte, dass der Gesteinsfund aus Isua im westlichen Grönland im Wesentlichen die herrschenden Theorien über die Erdgeschichte bestätige.

Turbulenter Anfang

Danach entstand die Erde vor etwa 4,55 Milliarden Jahren. Nach einem äußerst turbulenten Anfang, in dem Einschläge von gewaltigen Meteoriten „an der Tagesordnung waren", wurde die Erde wahrscheinlich erst nach 750 Millionen Jahren, also vor heute 3,8 Milliarden Jahren, lebensfreundlicher.

Aus Untersuchungen ihres genetischen Materials wissen Experten inzwischen, dass die ersten Mikroorganismen thermophil waren: sie konnten in einer Umwelt mit speienden Vulkanen, heißen Quellen und gewaltigen Feuerbällen aus dem Weltraum überleben. Ein solcher Meteoriteneinschlag führte offenbar noch vor rund 65 Millionen Jahren das Ende der Dinosaurier herbei.

aus: Neuß-Grevenbroicher Zeitung – Feuilleton, 3.1.1997

M 1

Hymnus auf den Widdergott Chnum

Er ließ die Vögel entstehen, dass sie am Himmel schweben und auf der Erde wandern [...] Er hat die Fische tief ins Urwasser untergetaucht [...] Auch hat er die Schlangen in ihren Höhlen geschaffen und außerdem [...] Menschen, Kleinvieh, Vögel, Fische, Schlangen und Skorpione, alle sind das Werk seiner Hände.

aus: Hermann Kees, Ägypten, Religionsgeschichtliches Lesebuch 10, Tübingen 1928, S. 119

M 2

Vielfalt des Lebens

Die Evolution „hat dazu geführt, dass die Erde von Leben überquillt. Es gibt Lebewesen, die gehen, während andere springen, hüpfen, fliegen, gleiten, treiben, rutschen, graben, auf der Wasseroberfläche laufen, leicht galoppieren, watscheln, sich von Ast zu Ast schwingen, schwimmen, purzeln oder geduldig warten. Libellen häuten sich, Laubbäume blühen auf, Großkatzen pirschen; Antilopen scheuen, Vögel zwitschern, Fadenwürmer zerreißen Humuskörnchen; Insekten, die zur Tarnung Blätter oder Zweige perfekt imitieren, ruhen unerkannt auf einem Ast; Regenwürmer umschlingen sich in leidenschaftlicher, zweigeschlechtlicher Umarmung; Algen und Pilze sind verträgliche Wohngenossen in der Flechtenpartnerschaft; große Wale singen ihre Klagegesänge, während sie die Weltmeere durchkreuzen" [...]

aus: Carl Sagan/Ann Druyan, Schöpfung auf Raten. © Droemer Knaur Verlag, München 1995, S. 519

M 3

Beispiel der Evolution: Wirbeltiere

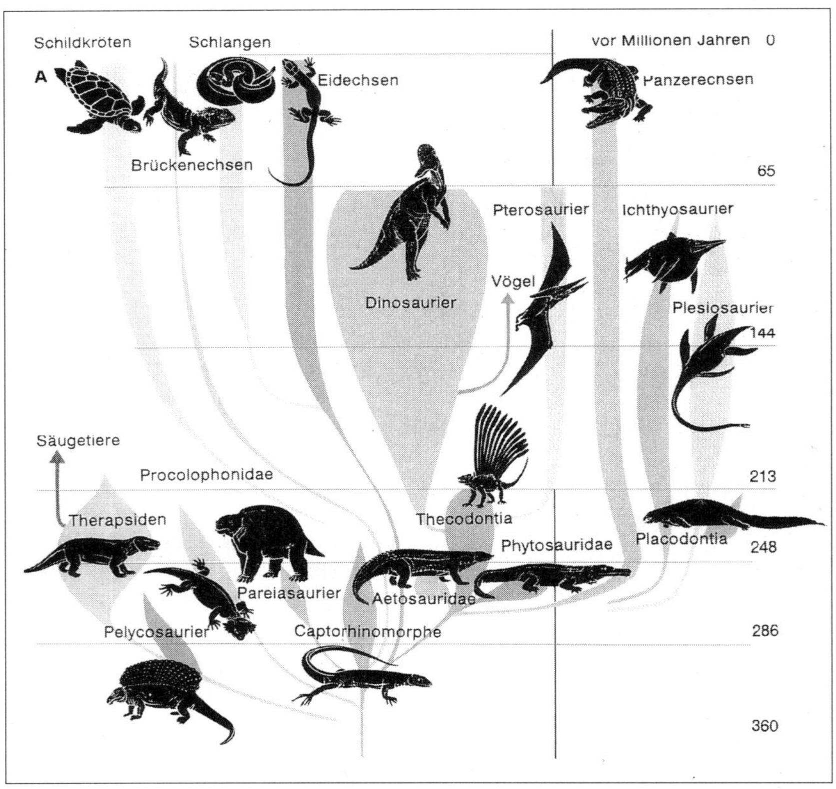

Der Stammbaum der Reptilien zeigt, dass nur wenige Arten seit der Blütezeit der Reptilien überlebt haben. Krokodile stehen in direkter Verbindung zu den Sauriern. Sie haben auch die höchstentwickelten Herzen und Gehirne. Schildkröten haben sich in Millionen Jahren kaum verändert; ihre Ursprünge sind aber nicht sicher geklärt. Therapsiden, selbst alle ausgestorben, sind ein wichtiger Zweig des Stammbaums, da sie über die Synapsiden zu den Säugetieren führen. Möglicherweise stammen alle Stämme von der frühesten Gruppe der Reptilien ab, den Captorhinomorphen.

aus: Geheimnisse der Natur. Entdecken, Entschlüsseln, Erklären, Bertelsmann Lexikon Verlag GmbH, Gütersloh/München 1993, S. 130

M 1

Die Dinge haben ihre Wurzel und ihre Zweige und die Ereignisse haben ihr Ende und ihren Anfang. Wer weiß, was zuerst und was danach kommt. [...] Der Mensch ist das Produkt der himmlischen und irdischen Kräfte, der Vereinigung von Yin und Yang, die Verkörperung der Geister und die Essenz der fünf Elemente: Metall, Holz, Wasser, Feuer und Erde. Der Mensch ist also das Herz des Universums, das Produkt der fünf Elemente; er ist erschaffen worden, um Nahrung, Farbe und Töne zu genießen [...]

Worte des Konfuzius (chin. Philosoph 551 – 479 v. Chr.)

aus: Susanne Hansen (Hrsg.), Mythen vom Anfang der Welt, Pattloch Verlag, Augsburg 1991, S. 240 f.

M 3

Stammbaum der Menschheit

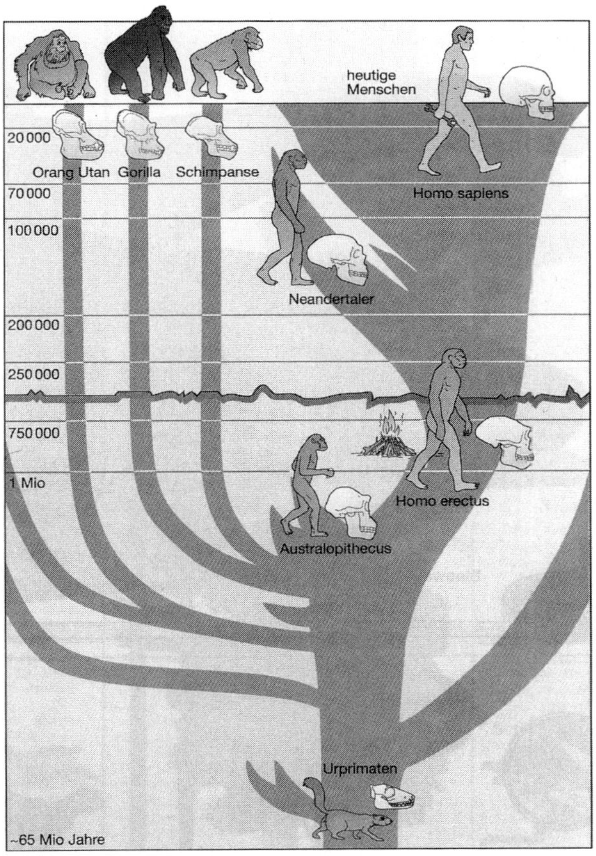

aus: Natura, Biologie für Gymnasien, a. a. O., S. 279

M 2

Die Entwicklung zum heutigen Menschen

Im Tertiär, der Epoche vor 65 Mio. Jahren, lebten „Urherrentiere“, die man Primaten nennt. Sie erinnern an die heute noch lebenden Spitzhörnchen. Im zoologischen (Abstammungs-)System umfassen die Herrentiere die Halbaffen und Affen und schließen auch den Menschen ein.

Wann danach die Trennung zwischen „Tier und Mensch“ erfolgte, ist wissenschaftlich umstritten. Die ältesten menschenähnlichen Wesen sind die Australopithecinen, die man auf vor ca. 3,5 Mio. Jahren datiert. Sie konnten bereits auf zwei Beinen gehen und starben vor 1 Mio. Jahren aus.

In Afrika, Europa und Asien wurden Fossilien des Homo erectus (aufgerichteter Mensch) gefunden. Der bekannteste Fund in Deutschland verweist auf den Heidelberger Menschen. Das Alter dieser Funde schätzt man auf ca. 1,5 Mio. bis 200 000 Jahre. Aus dem Homo erectus entwickelte sich der Homo sapiens (vernunftbegabter Mensch). Die Neandertaler werden dazu gerechnet. Sie lebten 200 000 bis 30 000 Jahre v. Chr. Ihre Lebensbedingungen waren der Eiszeit angepasst. Sie besaßen eine differenzierte Werkzeugkultur. Die ältesten Überreste menschlich-geologischer Vergangenheit zeugen vom Homo sapiens sapiens. Sie sind etwa 40 000 Jahre alt. Seine Werkzeugkultur war hoch entwickelt. Malereien aus der Höhle bei Lascaux (etwa 15 000 Jahre alt) sind Zeugnisse von Naturreligion.

nach: Natura, Biologie für Gymnasien-NRW, Bd. 1, © Ernst Klett Schulbuchverlag GmbH, Stuttgart 1993, S. 279

A 43 Die Besonderheit des Menschen

M 1

Evolution

Männlicher Stammbaum

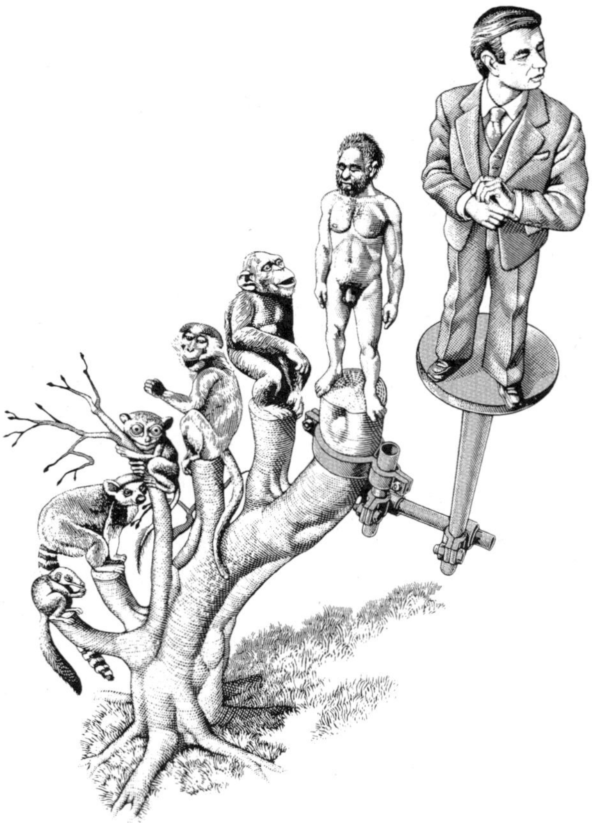

Zeichnung: Bill Sanderson, Huntingdon Cambs.

M 2

Die Entwicklung der Menschheit

Einst haben die Kerls auf den Bäumen gehockt
behaart und mit böser Visage.
Dann hat man sie aus dem Urwald gelockt
und die Welt asphaltiert und aufgestockt,
bis zur dreißigsten Etage.

Da saßen sie nun, den Flöhen entflohn,
in zentralgeheizten Räumen.
Da sitzen sie nun am Telefon.
Und es herrscht noch genau derselbe Ton
wie seinerzeit auf den Bäumen.

Sie hören weit. Sie sehen fern.
Sie sind mit dem Weltall in Fühlung.
Sie putzen die Zähne. Sie atmen modern.
Die Erde ist ein gebildeter Stern
mit sehr viel Wasserspülung.

Sie schießen die Briefschaften durch ein Rohr.
Sie jagen und züchten Mikroben.
Sie versehn die Natur mit allem Komfort.
Sie fliegen steil in den Himmel empor
und bleiben zwei Wochen oben.

Was ihre Verdauung übrig lässt,
das verarbeiten sie zu Watte.
Sie spalten Atome. Sie heilen Inzest.
Und sie stellen durch Stiluntersuchungen fest,
dass Cäsar Plattfüße hatte.

So haben sie mit dem Kopf und dem Mund
den Fortschritt der Menschheit geschaffen.
Doch davon mal abgesehen und
bei Lichte betrachtet sind sie im Grund
noch immer die alten Affen.

Erich Kästner

M 1

„Verschaff mir Söhne! Wenn nicht, sterbe ich."

Als Rahel sah, dass sie Jakob keine Kinder gebar,
wurde sie eifersüchtig auf ihre Schwester. Sie sag-
te zu Jakob: Verschaff mir Söhne! Wenn nicht,
sterbe ich. [2]Da wurde Jakob zornig auf Rahel und
sagte: Nehme ich etwa die Stelle Gottes ein, der
dir die Leibesfrucht versagt? [3]Sie antwortete: Da
ist meine Magd Bilha. Geh zu ihr! Sie soll auf mei-
ne Knie gebären, dann komme auch ich durch sie
zu Kindern. [4]Sie gab ihm also ihre Magd Bilha zur
Frau und Jakob ging zu ihr. [5]Bilha wurde schwan-
ger und gebar Jakob einen Sohn. [6]Rahel sagte:
Gott hat mir Recht geschafft; er hat auch meine
Stimme gehört und mir einen Sohn geschenkt.
Deshalb nannte sie ihn Dan (Richter).

Gen 30, 1–6

aus: Einheitsübersetzung der Heiligen Schrift.

M 2

Katalog-Kind von der Samenbank

„Ich habe ein Genie gewollt"

- Er ist groß
- Dunkler Typ
- Ein Genie
- Intelligenzquotient von 160. („Normale" Männer haben zwischen 100 und 120)
- Dr.-Titel
- Uni-Wissenschaftler
- Buchautor

Baby von der Samenbank: die zweifache Oscar-Gewinnerin Jodie Foster (35).

aus: © BILD, 14.3.1998

Jodie Foster (35, „Das Schweigen der Lämmer") ist eine schöne Frau. Eine kluge Frau. Eine erfolgreiche Frau. Die Welt liegt ihr zu Füßen – jetzt will sie die Natur überlisten. Sie suchte sich ein Kind aus dem Katalog. In einer Samenbank wählte sie, so das US-Magazin „National Enquirer", einen anonymen Spender mit einem Intelligenz-Quotienten von über 160. Einsteinverdächtig.

Der Mann, dessen wahre Identität das Kind nie erfahren wird, ist rund 40 Jahre, groß, sportlich und Verfasser mehrerer Bücher.

Jodies Wunschkind – wird es auch ein Traumkind? Was macht sie, wenn ihr Kind nicht so wird, wie es sich die Schauspielerin erträumt? Wenn es nicht so hübsch, so intelligent wird, wie es sich Jodie ersehnt hat?

Die Natur funktioniert nicht so wie ein Computer. Hollywoods Prominenz schüttelt den Kopf über die kühl kalkulierte Vatersuche: „Das war, als ob für eine Zuchtstute ein prämierter Hengst gesucht wird."

Unbeirrt erzählt Jodie (im dritten Monat): „Ich habe Monate die Samenspenden einer Klinik in Los Angeles durchforsten lassen, um genau mein Idealbild eines Vaters zu finden. Er sollte die Eigenschaften haben, die auch mein Kind später haben soll. Denn ich wollte keinen echten Mann, der mir erzählt, wie ich ein Kind zu erziehen habe. Dafür bin ich einfach zu freiheitsliebend." Jodie weiter: „Ich bin kein Snob, weil ich versuche, ein kluges Baby zu bekommen – denn ich weiß, dass es einfacher ist, als intelligenter Mensch das Leben zu meistern." Warum aber wählte Jodie überhaupt diesen gefühllosen Weg?

Um die Natur zu überlisten?

Oder einfach nur, weil sie keine Männer mag, wie ihr Bruder enthüllte, der ihr in einer Biografie lesbische Neigungen nachsagte.

aus: BILD, 14.3.1998

M 1

Schöne neue Welt

Ein grauer, gedrungener Bau, nur vierunddreißig Stockwerke hoch. Über dem Haupteingang die Worte: BRUT- UND NORM-ZENTRALE BERLIN-DAHLEM. Der riesige Saal zu ebener Erde ging nach Norden. Durch die Fenster fiel verdünntes Licht [...] Die Arbeitskittel der hier Beschäftigten waren weiß, ihre Hände staken in blassen, leichenfarbenen Gummihandschuhen. Das Licht war gefroren, tot, gespenstisch.
„Und dies", sagte der Direktor, die Tür öffnend, „ist der Befruchtungsraum." Dreihundert Befruchter standen über ihre Instrumente gebeugt, als der Brut- und Norm-Direktor den Saal betrat. Kaum ein Atemzug unterbrach die Stille. Eine soeben eingetroffene Gruppe [...] Studenten folgte aufgeregt und ziemlich beklommen dem Direktor auf den Fersen. Jeder hielt ein Merkheft in der Hand, in das er, so oft der große Mann den Mund auftrat, krampfhaft kritzelte. Hochgewachsen und sehr mager, aber stramm, schritt der Direktor in den Saal voraus. „Das hier sind die Brutöfen", sagte er mit einer schwungvollen Handbewegung. Er öffnete eine abgedichtete Tür und zeigte ihnen die vielen Gestelle voll bezifferter Reagenzgläser. „Der wöchentliche Eingang an Ovarien. Ständig bei Bluttemperatur gehalten. Die männlichen Gameten", hier öffnete er eine andere Tür, „müssen dagegen bei 35 statt bei 37 Grad gehalten werden. Volle Bluttemperatur macht unfruchtbar." An die Brutöfen gelehnt, gab er eine kurze Beschreibung des modernen Befruchtungsvorgangs, sprach selbstverständlich zuerst von dessen chirurgischer Einleitung mittels „einer freiwilligen zum Gemeinwohl auf sich genommenen Operation, die überdies noch mit einer Prämie [...] verbunden ist", beschrieb hierauf das Verfahren, um das exstipierte Ovar am Leben zu erhalten und weiterzuentwickeln ... „Bokanowskyverfahren", wiederholte der Direktor. Ein Ei – ein Embryo – ein erwachsener Mensch: das Natürliche. Aber ein bokanowskysiertes Ei knospt und sprosst und spaltet sich. Acht bis sechsundneunzig Knospen – und jede Knospe entwickelt sich zu einem voll ausgebildeten Embryo, jeder Embryo zu einem voll ausgewachsenen Menschen. Sechsundneunzig Menschenleben entstehen zu lassen, wo einst nur eins wuchs: Fortschritt.
Ein Student war töricht genug zu fragen, wo da der Vorteil liege. „Aber, lieber Freund! [...] Begreifen Sie nicht? [...] Ein einziges bokanowskysiertes Ei liefert die Belegschaft für einen ganzen kleineren Fabrikbetrieb. Sechsundneunzig völlig identische Geschwister bedienen sechsundneunzig völlig identische Maschinen!"

aus: Aldous Huxley, Schöne neue Welt. © Mrs. Laura Huxley 1932. © 1953 by Aldous Huxley und Herberth E. Herlitschka. Fischer Taschenbuchverlag GmbH, Frankfurt am Main, 1953

M 2

Mensch und Schöpfung – Chronik künstlicher Fortpflanzung

1875 Beschreibung der Befruchtung beim Seeigel

1878 Befruchtung außerhalb des Mutterleibes
gelingt dem Österreicher L. Schenk mit den Eizellen von Meerschweinchen auf einem Stück Gebärmutterschleimhaut.

1944 Befruchtung im Reagenzglas
von menschlichen Eizellen durch die Amerikaner J. Rock und M. F. Menkin

1952 Klonierung
von Fröschen aus den Zellen einer jungen Kaulquappe

1953 Tiefgefrorene Spermien
benutzt zur künstlichen Befruchtung einer Frau

1959 Retortenkaninchen
Erste Geburt eines im Reagenzglas gezeugten Säugetiers

1978 Retortenbaby
Geburt von Louise Brown – das Mädchen wurde außerhalb des Mutterleibs, im Reagenzglas, gezeugt

1983 Spenderinnen-Ei
Einer Frau wird ein fremdes, mit Sperma des Ehemannes befruchtetes Ei eingepflanzt; ein gesundes Kind wird geboren.

1984 Gefrorener Embryo
In Australien wird das Mädchen Zoe geboren, entstanden aus einem gefrorenen Embryo.

1986 Leihmutter
Mary Beth Whitehead aus den USA weigert sich, das aus dem befruchteten Ei ihrer Auftraggeber in ihrem Leib gewachsene Kind wie vereinbart abzugeben.

1986 Klonierung
von Schafen durch Vervielfältigung von Embryonalzellen

1992 62-jährige Mutter
Rosanna Della Corte aus Italien bringt ein Baby zur Welt; das Sperma stammt von ihrem Ehemann, die Eizelle von einer anonymen Spenderin

1993 Klonierung
Der US-Forscher Jerry Hall löst mit der Klonierung von Menschen-Embryonen weltweiten Protest aus

1997 Klonierung
von Schafen aus den Körperzellen erwachsener Tiere

aus: DER SPIEGEL, Nr. 10/3.3.97, S. 222 f.

M 1

George und Charlie

„George“ (links) und „Charlie“, die beiden dieser Tage (1999) geborenen Kälber, die US-Forscher zum Zwecke der Arzneigewinnung geklont hatten. Foto: AP, Frankfurt

M 2

Kleines Lexikon

Klonen: Der Begriff „Klon“ entstammt dem Griechischen und bedeutet Schößling oder Sprössling. Als Klon bezeichnen Wissenschaftler alle Nachkommen, deren Erbanlagen identisch mit denen des Mutterorganismus sind. In der Natur ist Klonen die ungeschlechtliche Vermehrung von Lebewesen. Bakterien und viele Pflanzenarten vermehren sich zum Beispiel durch Zellteilung oder bilden neue Triebe aus Wurzeln. Eineiige Zwillinge sind Klone im weitesten Sinn: Da sie aus der Vereinigung von männlicher und weiblicher Keimzelle (Gameten) hervorgehen, ist ihr Erbgut zwar untereinander identisch, nicht aber mit demjenigen der Mutter.

Genom: Als Genom bezeichnet man die Gesamtheit aller Gene eines Individuums.

Pränatale Diagnostik: Untersuchung des ungeborenen Kindes. Dabei gibt es mehrere Möglichkeiten. Zur regelmäßigen Routine während der gesamten Schwangerschaft dient die Ultraschall-Untersuchung. Sie ermöglicht unter anderem Aussagen über Größe und Lage des Kindes sowie die Erkennung von Mehrlingen und anatomischen Missbildungen. Bei Frauen über 35 Jahren oder Verdacht auf genetische Defekte wenden Mediziner häufig eine Fruchtwasseruntersuchung an. Sie erlaubt Aussagen über eventuelle Schäden im Erbmaterial. Eine weitere Methode ist die Entnahme von Gewebe der Zottenhaut (Chorionbiopsie).

In-vitro-Fertilisation: Künstliche Befruchtung. Sperma und reife Eizelle werden im Reagenzglas verschmolzen. Erst wenn die befruchtete Eizelle mehrere Zellteilungen durchlaufen hat, implantieren Ärzte sie in die Gebärmutter.

Embryonen-Splitting: Die mikrochirurgische Teilung eines Embryos im frühen Zellstadium in möglichst gleiche Teile erzeugt identische Nachkommen. In der Landwirtschaft wird diese Methode bei Rindern und anderen Nutztieren seit Jahren angewendet.

aus: Neuß-Grevenbroicher Zeitung (NGZ), Wissenschaft und Bildung, 22. 1.1998

M 3 Drei Mütter, aber keinen Vater

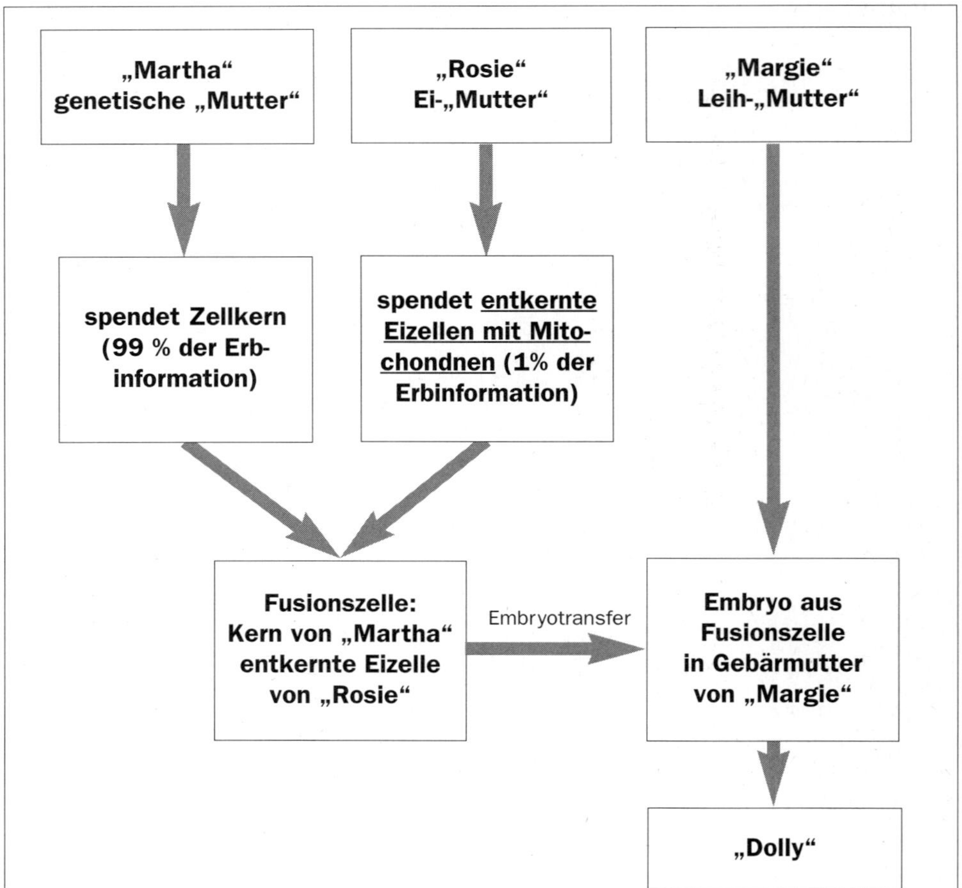

Schema: So entstand „Dolly“ (fiktive Namen der „Mütter“)

M 4 Information

Das Schema (oben) zeigt, dass „Dolly“ drei Mütter hat: Die erste Mutter „Martha“ war Dollys genetisches Vorbild; sie sollte kloniert werden. Die Reproduktionsforscher entnahmen „Martha“ Euterzellen, kultivierten sie in einem Nährmedium und entnahmen den Zellen die Zellkerne, die Träger fast aller Erbinformationen.
Ein solcher Zellkern ist fünf Tausendstel Millimeter groß und vergleichbar mit einer Bibliothek, in der die gesamten Informationen über das Wachstum und die Entwicklung eines Lebewesens (z. B. den Menschen) lagern. D. h.: Die Informationen sind verschlüsselt in den Chromosomen verpackt. Sie wiederum bestehen aus langen, kettenartigen DNS-Molekülen, Bausteinen der Desoxyribonucleinsäure.
Dem zweiten Schaf „Rosie“ entnahmen die Forscher 277 Eizellen und entkernten sie. In die entkernten Eizellen „Rosies“ führte man jeweils einen (Euter-)Zellkern „Marthas“ ein. Dann wurde die so genannte „Fusionszelle“ in eine Nährlösung gegeben und veranlasst sich zu teilen. Es entstanden Embryonen, die man in ein drittes Schaf „Margie“ einpflanzte. Nur bei einem der 277 Leihmuttertiere kam es zur Trächtigkeit und Geburt eines Lammes: „Dolly“ als (fast) perfekte Kopie „Marthas“.

M 3 und M 4 nach: Markus Möhring, Genethik: „Dolly“ und die Klon-Problematik, in: Mitteilungen Collegium Marianum 1997, S. 15

M 1

Am siebten Tag vollendete Gott das Werk, das er geschaffen hatte, und er ruhte am siebten Tag, nachdem er sein ganzes Werk vollbracht hatte. Und Gott segnete den siebten Tag und erklärte ihn für heilig.

Gen 2,2–3 a

aus: Einheitsübersetzung der Heiligen Schrift.

M 2

Der „achte Tag der Schöpfung“ ist angebrochen: Gen-Ingenieure können im Labor neue Lebewesen konstruieren, sie können Erbgut manipulieren, Tier, Pflanze und Mensch [...] umgestalten.

aus: natur. Das Umweltmagazin, Nr. 9, Sept. 1987, S. 44

Die Ställe, Käfige und Labors der Gen- und Biotechniker werden derweil längst von 14-äugigen Fliegen, von epileptischen Mäusen und von Schweinen mit vermenschlichtem Blut bevölkert. Gene von Sonnenblumen wurden ins Erbgut von Schafen eingeschleust, schnellwachsende Lachse stehen im Dienst von Bauern und Aquafarmen, gentechnisch veränderte Raubmilben verlassen die Labors.

aus: DER SPIEGEL, Nr. 10/3.3.97, S. 222

M 3

Chile: Warnung vor Riesenratten

SANTIAGO (rtr). In Chile hat eine Umweltgruppe einem Medienbericht zufolge vor Ratten gewarnt, die bis zu 60 Zentimeter groß sein sollen. Die Riesenratten griffen in einem Vorort der chilenischen Hauptstadt Santiago selbst Hühner und kleine Ziegen an, erklärte der Ökologierat von Maipu nach einer Meldung der Nachrichtenagentur Orbe. Die Nager seien vermutlich so groß geworden, weil sie den Kot hormonbehandelter Hühner fräßen. Die Riesenratten lebten an den Ufern des Flusses Mapocho, der durch Santiago fließt.

aus: Neuß-Grevenbroicher Zeitung (NGZ), 25.10.1997

M 4

[...] Wissenschaftler, Veterinäre der Universität von Pennsylvania, nahmen das Gen für menschliches Wachstumshormon und bauten es in den genetischen Code von Mäuseembryos ein. Diese neuen Mäuse haben jetzt menschliches Erbmaterial in ihrem Genom. Sie werden doppelt so groß und doppelt so schnell geschlechtsreif wie andere Mäuse und sie vererben das menschliche Gen an ihre Nachkommen. Dasselbe machen sie jetzt mit Schafen und Schweinen. Es gibt keinen Hinweis, dass es in der Natur jemals so einen Vorgang gegeben hat.

Jeremy Rifkin (amerikanischer Gentechnologe)

aus: natur. Das Umweltmagazin, Nr. 9, Sept. 1987, S. 52

M 5

Genmanipulation an Pflanzen

Im Augenblick reden alle [...] von der ‚Anti-Matsch-Tomate‘, dem ersten genmanipulierten Lebensmittel, das den Weg vom Reagenzglas ins Verkaufsregal schaffte. Das Besondere an dieser Frucht: Sie bekommt Gelegenheit, ihr ‚natürliches Aroma‘ auszubilden, da sie am Strauch ausreifen kann und nicht ‚grün‘ transportiert werden muss. Der gentechnische Kniff: Wie man mit einem Schalter das Licht an- und ausknipst, so haben Forscher bei der ‚Anti-Matsch-Tomate‘ das Enzym ‚ausgeschaltet‘, das die Zellwände von Tomaten während der Lagerung und des Transports instabil werden lässt.

Nachgedacht wird bereits über besonders süße Erbsen, deren Erbgut so verändert ist, dass sich weniger Zucker in Stärke verwandelt und dadurch mehr Süßstoff erhalten bleibt. Auf den Labortischen liegt auch schon eine neue Kartoffelsorte, die sich besonders zur Herstellung kalorienarmer Pommes frites eignen soll. Bei 30 bis 60 Prozent mehr Stärke als in herkömmlichen Kartoffeln soll sie weniger Wasser [...]enthalten und darum auch weniger Fett aufsaugen.

So sollte [...] in Deutschland in einem Versuchsfeld roter Petunien jede tausendste Pflanze durch gentechnische Manipulation weiße Muster in den Blüten bekommen. Im kontrollierten Treibhaus-Versuch war dieses Experiment zuvor geglückt. Doch bei der anschließenden Freisetzung bekam auf einmal fast jede dritte Petunie die neue Färbung. Bis heute ist es den an dem Versuch beteiligten Wissenschaftlern ein Rätsel, wie es dazu kommen konnte.

[...] Sojabohnen waren zur Steigerung des Nährwertes mit einem Gen der Paranuss aufgepeppt worden. Das Experiment, bei dessen Erfolg man sich eine ‚Verbesserung der Eiweißversorgung der Welt‘ versprochen hatte, wurde eilends abgeblasen. Einige Probanden hatten nämlich mit Nussallergien reagiert.

aus: natur. Das Umweltmagazin, Nr. 10, Okt. 1987 S. 21 f., 25 f. 22; 23

M 6

Kritik an der Gentechnik

Mit der „Gentechnik“ wird „jegliches Leben zur Ware degradiert“, werden „Tomaten und Schweine wie Autos oder Tennisbälle behandelt“.

Hubert Weinzierl, BUND-Vorsitzender

Durch „Gentechnologie“ wird „das Gefüge der Natur, aus Mutation und Selektion (d. h. Evolution) entstanden, ins Wanken gebracht“.

Hans Scholten,
Präsident des Bundes für Vogelschutz

Es müssen „die Grenzen für genetische Manipulation klar werden“. Das „Maß“ für alle gentechnischen „Eingriffe müssen Wissenschaft und Technik aber am Menschen, am Menschlichen nehmen, nicht umgekehrt: Der Mensch als Ebenbild Gottes darf nicht nach einem ‚gottgleichen Menschenbild‘ von Biologen und Biotechnikern [...] ‚geschaffen‘ werden“.

Franz Hengsbach, Ruhrbischof

aus: natur. Das Umweltmagazin, Nr. 10/Okt. 1987, S. 48 f.

„Das Faszinierende, aber auch Beängstigende am Klonen ist gerade, dass man sich gewissermaßen das Produkt zunächst anguckt und dann entscheidet. Zum Beispiel bei der Ersetzung eines früh gestorbenen Kindes.“ Die „Kinder“ können nun ihr „persönliches Schicksal nicht mehr auf Gottes Wille, die Natur oder worauf auch immer zurückführen“. Die „Fortpflanzung hat ihre Unschuld verloren“.
Beim Klonen „besteht die Gefahr, dass es nicht ganz an ihm vorübergeht, dass er ein Klon ist, weil er ja ganz bestimmte Erwartungen erfüllen soll und nicht nur irgendwelche. Er soll nicht nur möglichst ein Mädchen sein oder ein Junge. [...] Sondern er soll ja doch einem ganz Bestimmten ähneln.“

Dieter Birnbacher, Professor für Philosophie

aus: Rheinische Post, Wissenschaft und Bildung, 22. Jan. 1998 – Nr. 18 (Auszug aus Interview mit Redakteuren der RP/stark gekürzt)

M 1

Foto: Giraudon, Paris © VG Bild-Kunst, Bonn 1999

René Magritte: Reproduktion untersagt. Gemälde von 1937

M 2

Der Mensch wird patentierbar. Jetzt fehlt mir nur noch, dass der Gesetzgeber sagt: Menschen, die nach Genmanipulationen fehlerhaft geboren werden, gehören dem ‚Erfinder', er kann mit ihnen machen was er will.

Gentechnik, Genmanipulation ist in meinen Augen der Übergriff über eine Schranke, von der wir wirklich nicht wissen, ob sie notwendig ist. […]
Wenn man an die Evolution glaubt, muss man annehmen, dass es Millionen von Jahren gedauert hat, bevor dieses Arrangement von Genen in den Chromosomen der verschiedenen Lebewesen zustande gekommen ist. Und jetzt kommt ein Mensch und panscht darin herum. Die Natur geht langsam vor, sie hat keine Eile. In das langsam gewachsene Gefüge wird jetzt hineingegriffen und möglicherweise stellt sich viel später heraus, dass wir damit furchtbare Sachen angerichtet haben.

Erwin Chargaff (Professor für Biochemie)

aus: natur. Das Umweltmagazin, Nr. 1, Jan. 1988, S. 75

M 3

Es ist das Prinzip der Natur, dass jeder neue Mensch genetisch ein Unikat ist, eine Kombination der elterlichen Gene, die es so noch nie gegeben hat und nie wieder geben wird. Persönlich hat er nichts davon; auch als niemandes Duplikat hat er sich sein Genom nicht ausgesucht. […]
Mit jedem neuen Menschen hat immer eine einmalige Genkombination eine Chance erhalten. Manchmal unterläuft der Natur bei den ersten Teilungen des befruchteten Eies ein Fehler: Dann entstehen eineiige, genetisch identische Zwillinge, mithin Klone. Aber dass deren Rate, im Gegensatz zur Rate der zweieiigen Zwillinge, auf der ganzen Welt gleich und gleich niedrig ist (0,35 Prozent), zeigt, dass es ihr ernst ist mit dem Klonverbot; mehr scheint sie nicht zu ertragen.
Und folglich: Wenn die Menschen begännen sich zu klonen, verstießen sie gegen eins der Prinzipien, denen sie ihre Existenz verdanken. Darum dürfen sie es sich nicht erlauben.

Dieter E. Zimmer

aus: DIE ZEIT/Nr. 8, 12.2.1998, S. 28

Einleitung

Das Thema „Schöpfung"

„Schöpfung" wird zum Thema, wenn die Erschaffung der Welt und des Menschen reflektiert wird und sich solche Fragen stellen: Woher kommen wir? Wer sind wir? Wieso ist die Lebenswelt so widersprüchlich? Warum gefährdet der Mensch die Erde? Warum geht er oft so achtlos mit den Tieren um? Warum will der Mensch seine (eigene) Fortpflanzung manipulieren? Warum verliert dadurch die Schöpfung ihre „Unschuld"?
Das Wort „Schöpfung" meint, dass etwas Neues entstanden ist, das es vorher so nicht gab. Die programmatische Rede „Im Anfang schuf Gott Himmel und Erde" (Gen 1,1) impliziert, dass „Schöpfung" der Anfang einer langen Geschichte Gottes mit dem Menschen ist. Die Schöpfung ist der göttliche Plan (d. h. Ziel), den Menschen ein „Lebenshaus" (Gen 1) zu übereignen, das ihnen „Aussaat und Ernte, Kälte und Hitze, Sommer und Winter ..." (Gen 8,22) beschert. Der Mensch gerät in das Spannungsfeld („Schöpfung") von Liebe und Hass, Gut und Böse, Geborgenheit und Bedrohung.

Zur Didaktik des Themas „Schöpfung"

Es gibt kein (Unterrichts-)Modell, das „Schöpfung" didaktisch-methodisch *umfassend* verfügbar (planbar) macht. Denn Schöpfung ist ein komplexes und immer wieder zu modifizierendes Thema. Gegenwärtig lässt es folgende Aspekte zu:

1. den *schöpfungstheologischen* Aspekt:
Der Religionsunterricht behandelt mythische und biblische Schöpfungserzählungen, um daran Fragen und Antworten der Menschen nach Ursprung und Ziel der Welt transparent zu machen. Die Schöpfung soll als Geschenk Gottes gewertet und der Mensch als Besonderheit (Gottes Ebenbild) gesehen werden. Beides zwingt ihn zur Verantwortung gegenüber der Schöpfung und fordert zum Protest gegen bedenkenlose Ausbeutung der Lebenswelt auf.

2. den *christologischen* Aspekt:
Der Religionsunterricht macht die Lernenden auf die Zuwendung Gottes zu allen Geschöpfen aufmerksam und fordert zu solidarischem Handeln auf.

3. den *ekklesiologisch-eschatologischen* Aspekt:
In Anbetracht der Gefährdung und Zerstörung der Schöpfung entwirft der Religionsunterricht kein resignatives Menschen- und Weltbild, sondern verweist auf die Hoffnung der „Kinder Gottes", d. h. ihre Erlösung und die Erneuerung der Welt (Röm 8,18 ff.).

4. den *ethisch-emotionalen* Aspekt:
Der Religionsunterricht bietet Handlungsorientierung an. Damit sind Anstöße gemeint, die zu praktisch-ökologischem Handeln führen können. Es wird aber auch an Handlungsmodelle gedacht, die mit ethischen Entscheidungen verknüpft sind.

Gliederung der Arbeitsblätter

Um das Thema „Schöpfung" inhaltlich-didaktisch zu erfüllen, sind die Arbeitsblätter nach 6 Aspekten wie folgt gegliedert:

1. Schöpfung und Urzustand (A 1 – A 14)
2. Gottesebenbildlichkeit des Menschen (A 15 – A 18)
3. Lob der Schöpfung – Verantwortung für die Erde (A 19 – A 25)
4. Bedrohung und Zerstörung der Schöpfung (A 26 – A 33)
5. Weltbilder und Evolution (A 34 – A 43)
6. Manipulation der Schöpfung (A 44 – A 48)

Die Gliederung des Themas lässt eine deutliche Trennung zwischen schöpfungstheologisch-didaktischem (Kap. I) und naturwissenschaftlichem Aspekt (Kap. V) erkennen. Der Gesichtspunkt der „Gottebenbildlichkeit des Menschen" (Kap. II) wurde bewusst betont. Mit dem Abschnitt „Manipulation der Schöpfung" (Kap. VI) soll auf einen bisher wenig beachteten Aspekt des Themas „Schöpfung" verwiesen werden. Das vorliegende Arbeitsheft konzentriert sein Themenangebot auf das 7.–8. sowie 10. Schuljahr. Die Menge der Arbeitsblätter ermöglicht bei der Unterrichtsplanung viele Alternativen. Die Arbeitsblätter wollen dazu ermutigen, verstärkt im Unterricht schöpfungsrelevante Fragen zu behandeln.

Die didaktisch-methodischen Kommentare erläutern die einzelnen Arbeitsblätter und kommentieren die einzelnen Materialien. Wenn nötig, erhalten sie auch methodische Hinweise.

Kapitel I: Schöpfung und Urzustand

Die Arbeitsblätter A 1 – A 3 bringen Beispiele für die Vielfalt der im alten Ägypten herrschenden Schöpfungsmythen. Die Abbildungen und Texte vermitteln eine komplexe Sicht von der Entstehung der Welt und der Erschaffung des Menschen. Dabei gilt festzuhalten, dass es viele theologische Systeme gibt und kein Modell die Vorstellungen Altägyptens vom Ursprung der Welt zusammenfasst. – Die Quellen, die aus den ältesten Epochen stammen und Hinweise auf die Schöpfung enthalten, sind Pyramiden- und Sargtexte (2250 – 2200/2000 – 1780 v. Chr.). Sie sprechen von der Tätigkeit eines Schöpfergottes. Nach heliopolitanischer Auffassung beruht die Schöpfung (ägyptisch: „das Erste Mal") auf einer Transformation eines Urstoffes. Vor dieser Realität gab es die des dunklen Urgewässers „Nun". Hier verharrt eine virtuelle Kraft: „Atum", der Schöpfer; er zeigt sich am „Anfang" als „Er und Sie". Seine beiden Kinder sind „Schu", das männliche (Lebens-)Prinzip, und „Tefnut", das weibliche Prinzip. In Atum (oder „Re") wohnt das Denken. Es ist die Energie, die den Kosmos und das Leben erschuf.

A 1: Altägyptische Schöpfungsmythe aus Heliopolis

Das Bild-Text-Material (M 1 – M 3) soll
- die Schülerinnen und Schüler in eine für sie äußerst fremde Welt einführen;
- sie beispielhaft mit ägyptisch-mythischen Vorstellungen von der Entstehung der Welt konfrontieren, um diese dann später mit den biblisch-alttestamentlichen Berichten (A 10 – A 14) zu vergleichen.

M 1: Dieser Text konfrontiert mit einer Vielzahl von Namen wie „Geb" und „Nut" oder „Isis" und „Osiris" als berühmte Götterpaare. Die Namen werden im Text markiert und mit Hilfe eines Tafelbildes (vgl. unten) werden die Beziehungen zwischen den Göttern erläutert. Wichtig erscheint, dass hier beispielhaft die (poly-)theistische Struktur der altägyptischen Religion angesprochen und verdeutlicht wird, dass die Vielzahl der Göttergestalten (auch) Ausdruck eines Beziehungsreichtums „göttlicher Wirklichkeit" ist.

Tafelbild:

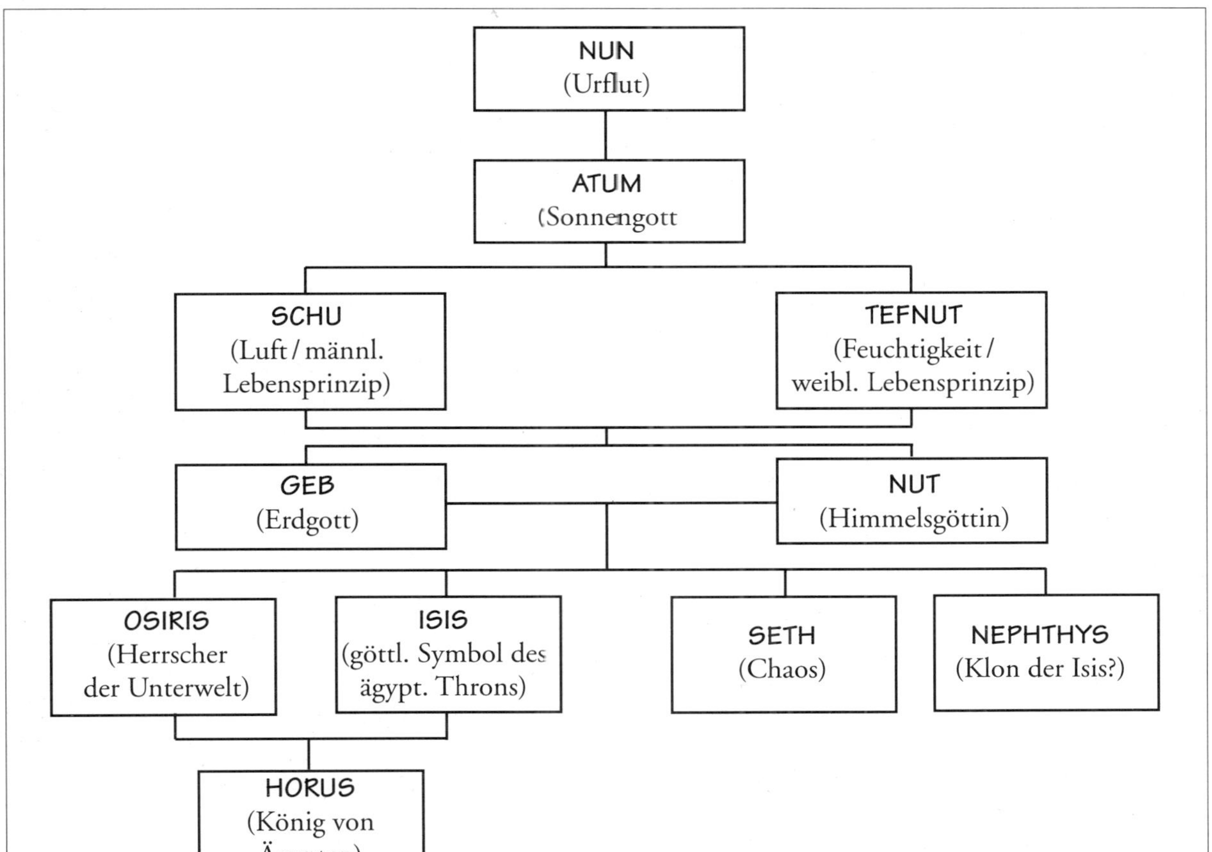

nach: G. Hart, Ägyptische Mythen, Philipp Reclam jun., Stuttgart 1993, S. 22 f.

M 2: Mit dieser Darstellung begegnet den Lernenden ein außergewöhnliches „(Welt-)Bild“, das sie, unterstützt vom Lehrer, möglichst genau beschreiben sollen, um die komplizierte, mythische Weltvorstellung annähernd zu begreifen. Dabei hilft M 1, da hier auf die Vielfalt der Götternamen schon eingegangen wurde.

Die Welt wird in der Abbildung als „Triade“ dargestellt. Die Dreiheit bilden: Nut, Geb und Duat (Letztere wird von Osiris verkörpert). Gott „Geb“ symbolisiert die Erde; er liegt auf dem Erdboden und ist mit Schilf- und Binsenrispen übersät. Als Erdgott ist Geb eng mit der Totenwelt verbunden. Die große, weibliche Gestalt, die sich über die Weltscheibe beugt, ist „Nut“. Sie ist die Himmelsgöttin und trägt das gestirnte Gewölbe. Insofern existiert die Vorstellung vom Himmel als Frau. Der Himmel verkörpert zugleich das Meer, das der Sonnengott „Atum“ zu Schiff befährt. Tief gebeugt betet Nut zu Atum, der Abendsonne. Das Sonnenschiff wird abends von Osiris, dem Herrscher der Unterwelt (rechts im Bild), in Empfang genommen. Eine andere Version lautet, die Himmelsgöttin verschlucke das Schiff abends und gebäre es morgens wieder. Im Schiff sitzt vor dem falkenköpfigen Sonnengott (Re) mit der Sonnenscheibe „Maat“ mit der Kopffeder. Sie ist die Tochter Re's und verkörpert die Weltordnung. In der Bildmitte befindet sich „Schu“, die „Luft des Lebens“. Über seinem Kopf erscheint (auch) die Sonne. In jeder Hand und am Arm trägt Schu das Zeichen des Lebens.

M 3: Die ägyptischen Götter heben sich nicht scharf voneinander ab. Insofern überrascht es nicht, dass in dieser Mythe der Schöpfergott sowohl „Chepra“ als auch „Osiris“ heißt. Er nennt sich selbst das „Urwesen“, welches aus dem „Urstoff“ stammt. Letzteres erinnert an die Atomistik (5. Jh. v. Chr.), eine philosophisch-antike Position, die die Materie als Prinzip aller Realität betrachtet. Nicht (ein) Gott ist der Ur-Grund des Seins, sondern die Materie. Nach dieser mythischen Vorstellung (M 3) ist der „Anfang“ der Schöpfung also ein Ur-Stoff, aus dem heraus das „Urwesen“ (Osiris) und alles Weitere („Geschöpfe und Wesen“) geschaffen werden.

Tafelbild:

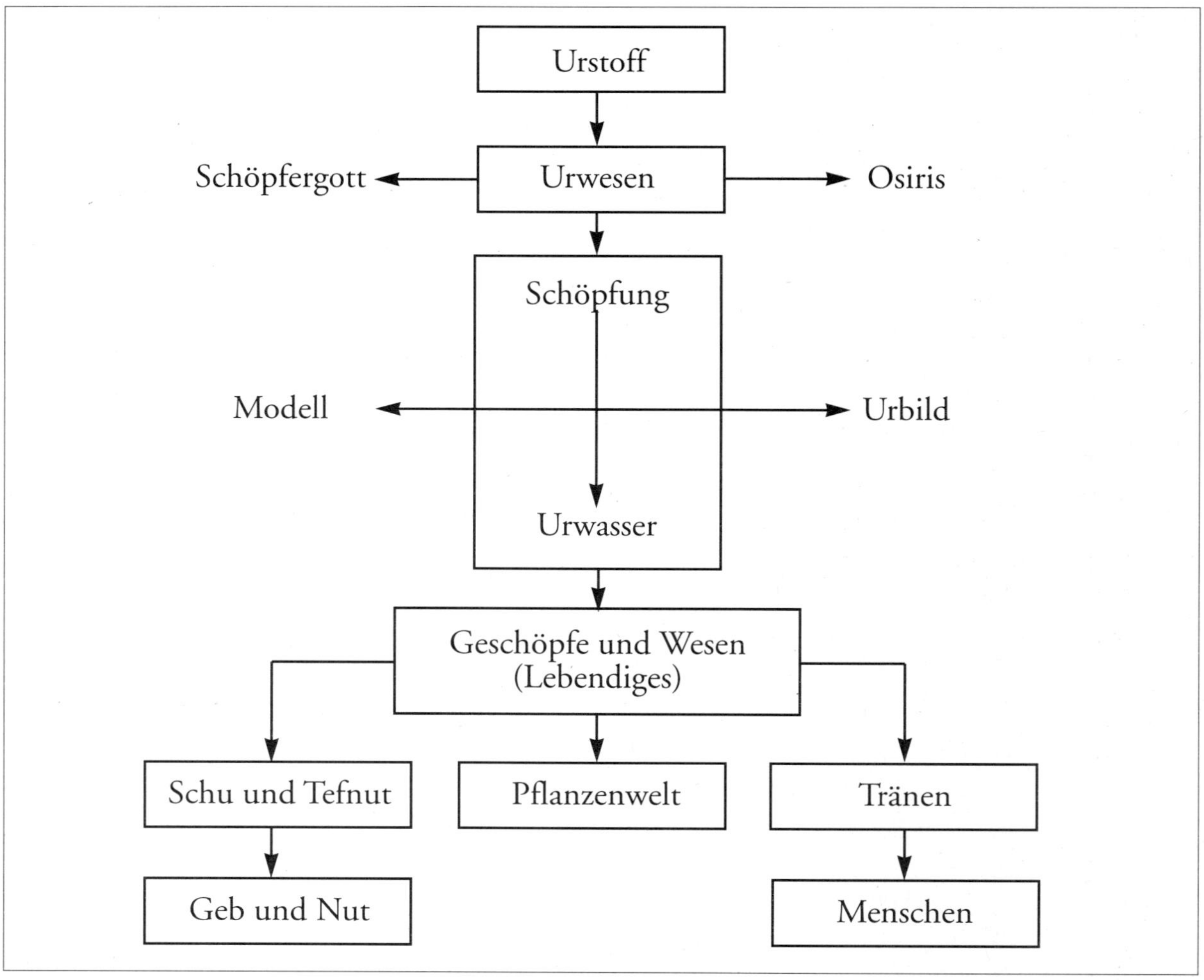

A 2: Altägyptische Schöpfungsmythe aus Theben

Neben dem religiösen Zentrum Heliopolis (vgl. A 1) steht das von Theben. Durch den politischen Aufschwung der Stadt am Ende des 3. Jahrtausends v. Chr. gewinnt auch das religiöse Denken an Bedeutung. Gott „Amun", der lange nur lokalreligiöses Interesse genoss, rückt in den Mittelpunkt. Es wird für Amun (bald „Amun-Re") eine Kosmogonie entwickelt. Sie lehnt sich an andere Lehren von der „Entstehung der Welt" an.

M 1: Die Abbildung dient als Einstieg in eine weitere Schöpfungsmythe. Das Bild zeigt Amun, der sich mit den Titeln „König der Götter" oder „Herr des Himmels" schmückt. Er hat menschliche Gestalt und wird stehend mit Zepter (Zeichen königlicher Macht und Würde) sowie Nilkreuz (Lebenssymbol) gezeigt. Das Haupt Amuns wird mit einer Krone geziert, aus der sich zwei große, buntfarbige Federn (Attribute der Macht und des Triumphes) erheben; während hinten ein langes Band bis auf die Füße herabhängt.

M 2: Wie sich Osiris „Urwesen" (vgl. A 1/M 3) nennt, so bezeichnet man Amon als den im „Uranfang Entstandene(n)" Gott. Folglich besitzt er weder Vater noch Mutter. Hier begegnen und vermischen sich die Mythen aus Heliopolis und Theben (vgl. A 1/M 1 + M 3).

M 3: Der Text betont einen „(Schöpfungs-)Anfang" und redet über ein Ur-Etwas, aus dem der Kosmos geschaffen wurde. Das entspricht der Vorstellung, die wir schon kennen, dass die Schöpfung als Transformation des Chaos geschah. Der Urhügel, der sich wie eine Insel aus der Endlosigkeit des Urmeeres („Nun") emporhebt, bildet die Basis für Leben. Letzteres ermöglicht das „Ei". Damit schließt sich der Text einer mythischen Tradition an, nach der das „(Welten-)Ei" Keim aller Schöpfung und somit Lebensprinzip ist. Im Folgenden geht die Mythe auf die Bedeutung Amons für Theben und seine Taten ein. Hervorzuheben gilt, dass Amon in Heliopolis die Rolle Atums des Sonnenkönigs spielt.
Der Text wird im Unterrichtsgespräch mit Hilfe folgender Arbeitsfragen besprochen:
- Wie wird der Anfang der Welt dargestellt?
- Welche Bedeutung hat das „Urwasser"? Wieso nennt man es auch „Chaos-Wasser"?
- Warum ist der „Urhügel" für die Schöpfung so bedeutsam?
- Weshalb entsteht Amon aus einem „Ei"?
- Welcher Schöpfungstaten wird Amon gerühmt?

A 3: Altägyptische Schöpfungsmythe aus Esne

Mit dem Bild des Töpfergottes „Chnum" und dem kosmogonischen Text aus dem Tempel von Esne (Oberägypten) wird ein besonderes Stück religiös-pharaonischer Kultur vorgestellt – ein detaillierter Schöpfungsbericht, kombiniert mit einem enthusiastischen Lobgesang. Die überlieferten Texte (1.–2. Jh. n. Chr.) sind in die Tempelsäulen zu Ehren der Gottheit Chnum-Re eingemeißelt. Er ist der ursprüngliche Schutzherr von Esne, ein ehemaliger Widdergott und gehört zum Kreis der „Schöpfergötter".

M 1: Die Abbildung des Töpfer- und Widdergottes soll die Lernenden zu spontanen Äußerungen veranlassen. – Die gezielte Beschreibung konzentriert sich auf drei Punkte:
- die widderköpfige Gestalt des Töpfers,
- die Töpferscheibe als sein Werk sowie
- die beiden geformten Menschen.

Im Mittelpunkt des Bildes befindet sich „Chnum", der an einer Töpferscheibe sitzt und aus Tonerde Menschen formt. Seine Gestalt ist fremdartig, weil sein Haupt das eines Widders ist, dessen Hörner horizontal gedreht sind. Chnum wird als „Widder" bezeichnet sowie als „Töpfer(-Gott)" dargestellt. Die Gestalten auf der Töpferscheibe sind ein Kind und sein „Ka", d. h. dessen Lebenskraft.

M 2: Diese Schöpfungsmythe ist eine der zahlreichen in Esne erhaltenen Texte, die sich auf die Erschaffung und Entstehung des Lebens beziehen. Ziel des Textes ist es, „Chnum-Re", auch „Ptah" oder „Ta-ten(n)en" genannt, zu verehren: Ptah (wörtlich: „der Bildhauer") ist der große Stadtgott sowie Begründer der Künstler und des Handwerks.
Um dem Text in seiner poetischen Schönheit zu begegnen, bietet es sich an, ihn laut zu lesen. Dadurch verstärkt sich auch der Eindruck, dass die Mythe ein Lobgesang ist.
Bei der Besprechung des Textes sollten die beiden Charakteristika „Lobgesang und Schöpfungsmythe" deutlich werden:
- Markiere im Text einige Stellen, welche die Mythe besonders als Lobgesang charakterisieren!
- Notiere die Namen des Schöpfergottes und seine Attribute (z. B. „Vater der Väter")!
- Lies den Text unter dem Aspekt, dass Chnum „Schöpfer der Welt" ist. Unterstreiche vor allem Stellen, welche die Schöpfungswerke des Gottes betonen!

Ergebnis: Textstellen wie „Gruß dir ...", „herrlicher Widder vom Ersten Mal" (d. h. Schöpfung) oder

z. B. „Du bist Tenen, erhabener als die Götter" charakterisieren die Mythe als Hymnus. Auffällige (göttliche) Attribute sind z. B.: „Herr von Esne", „Bildner der Bildner", „Meister der Töpferscheibe" und „Gott der Töpferscheibe". Letzteres bildet den Anknüpfungspunkt, den Text auch als „Schöpfungsmythe" zu bestimmen: Chnum „erhob den Himmel"; er „machte die Städte…"; er bildete „Menschen auf der Töpferscheibe" und erzeugte „Götter"; er machte „Kraut" (Pflanzen); er schuf „den Himmel… mit seinen Wohltaten".

A 4: Babylonysches Schöpfungsepos „Enuma elish"

Mit dem babylonischen Epos „Enuma elish" („Als droben…") rückt eine Schöpfungserzählung in den Mittelpunkt, auf die der Verfasser von Gen 1 (vgl. A 10) zurückgreift.

M 1–M 2: Die Zeichnung des Stadtgottes Marduk, nach dem Relief auf einem Lapsis-Stein aus Babylon ausgeführt, fordert zu einer Kurzbeschreibung der Abbildung heraus.
Die Zeichnung zeigt den Stadtgott Babylons, der neben einem besiegten (Muskussu-)Drachen steht. Er ist eines der Monster, die Tiamat in die Schlacht führte. In der Linken hält Marduk einen Ring und einen Stab. Beides sind Zeichen seiner Königswürde. Die Robe, die er trägt, ist mit Medaillons (Motiven in Kreis-/Radform) geschmückt. Die göttliche Krone ist reich verziert. M 2 liefert die nötige Information zum Verständnis von M 1.

M 3: Die große Dichtung, die von den Babyloniern selbst „Enuma elish", d. h. nach ihren Anfangsworten „Als droben…" genannt wurde, fasst das Denken in Mesopotamien, dem Zweistromland, über die Entstehung der Welt zusammen.
Der Text, den wir besitzen, stammt aus der Bibliothek des assyrischen Königs Assurbanibal; er ist aus dem 7. Jahrhundert v. Chr. Der Hymnus wurde in Babylon am Neujahrsfest feierlich gesungen.
Das Epos eröffnet den Lernenden eine verwirrende Fülle von Götternamen und konfrontiert sie mit einem Text, der sich wie ein Drama entfaltet: Die Urgewässer Apsu und Tiamat stehen sich als Mann und Frau, Zeuger und Gebärerin, gegenüber. Aus ihrer ‚Mitte' entspringen lange Göttergenerationen, die großen Götter Babylons.
Es beginnt zwischen den Urgottheiten und ihren Nachkommen ein tödlicher Kampf. Die jüngeren Götter gewinnen die erste Schlacht. „Ea", der junge Gott der Weisheit, erschlägt Apsu im Schlaf. Jetzt erst tritt der Held des Epos ins Leben: Marduk, der Gott des Frühlings, der Sonne und der Stadt Babylon. Er muss sich bald Tiamat stellen, der nach Rache schreit. Marduk fängt ihn in einem Netz, tötet ihn und teilt seinen Rumpf. Damit beginnt das (Welt-)Schöpfungswerk Marduks: Aus der einen Hälfte von Tiamats Leichnam formt er den Himmel und aus der anderen die Erde. Zuletzt wird der „Mensch" geschaffen. Babylon entsteht. Die Menschen bauen Marduk einen Wohnort. Am Ende versammeln sich die Götter und singen Marduks Lobpreis.
Die unterrichtliche Erschließung des Epos konzentriert sich auf zwei Punkte: die erzählende Rekonstruktion des (Götter-)Geschehens und die Identifikation der Mythe als „Weltschöpfungslied":
- Wie schildert der Epos den Weltanfang?
- Welches Weltbild entsteht auf Grund der Teilung Tiamats?
- Wie wird die Erschaffung des Menschen dargestellt?
- Wie gestaltet sich der Schlussakt des Schöpfungsepos?

Nach „Enuma elish" stehen sich am Uranfang zwei Chaosprinzipien (Ozeane) gegenüber. Durch den Sieg Marduks über die Chaosgöttin „Tiamat" (d. h. hebr. „tehom"/Urmeer) entsteht die Welt durch Trennung von Himmel und Erde. Aus der oberen Hälfte des Leichnams macht Marduk das Firmament und aus der unteren die Feste. Damit wird der Grundstein für das antike Weltbild (vgl. A 9) gelegt. Nach Entstehung der Gestirne (z. B. des Mondgottes „Nannar") und Bestimmung der Jahreszeiten, verkündigt Marduk feierlich die Erschaffung des Menschen. Er ist in der Schöpfung etwas „Neues" und „Kunstvolles". Danach findet eine große Götterversammlung statt, um Marduk zu verherrlichen. Im Gegensatz zur Tradition anderer Mythen berichtet „Enuma elish" nur am Rande von der „Ruhe" der Götter nach vollendetem Werk. „Ruhe" wird (oft) als Störung durch andere Götter empfunden.

A 5: Antikes Denken – Weltschöpfung aus dem Chaos

M 2 bietet ein Beispiel für eine antike Schöpfungsmythe. Wie auch in verschiedenen altorientalischen Mythen begreift Ovid die Weltschöpfung als Umgestaltung einer diffusen Urmasse in eine geordnete Welt. Ausführlich wird auf das Chaos, den Urzustand der Welt eingegangen: Elemente (Materie) aus Erde, Meer und Luft vermischen sich zu einer groben Masse. Polaritäten bestimmen diesen (Ur-)Zustand: Kälte kämpft mit Wärme, Weiches mit Hartem. Ein „Gott" (eine „bessere" Naturkraft) kommt

ins Spiel und trennt die großen Elemente und Räume, um dann die „Erde“ in Form einer Kugel zu gestalten und über sie den Himmel zu wölben. Damit sind alle Voraussetzungen für die Erschaffung der Pflanzen- und Tierwelt gegeben. Nur der „Mensch“ fehlt noch. Er entsteht gleichsam als Höhepunkt und Abschluss der Schöpfung.
Aus didaktischer Sicht lassen sich fünf Lernphasen konstruieren:
- die Begegnung mit dem Text
- die spontane Stellungnahme
- die Information (M 1)
- die Textanalyse und Erarbeitung eines Textmodells (TA)
- die Auswertung des Tafelbildes als Resümee

Tafelbild:

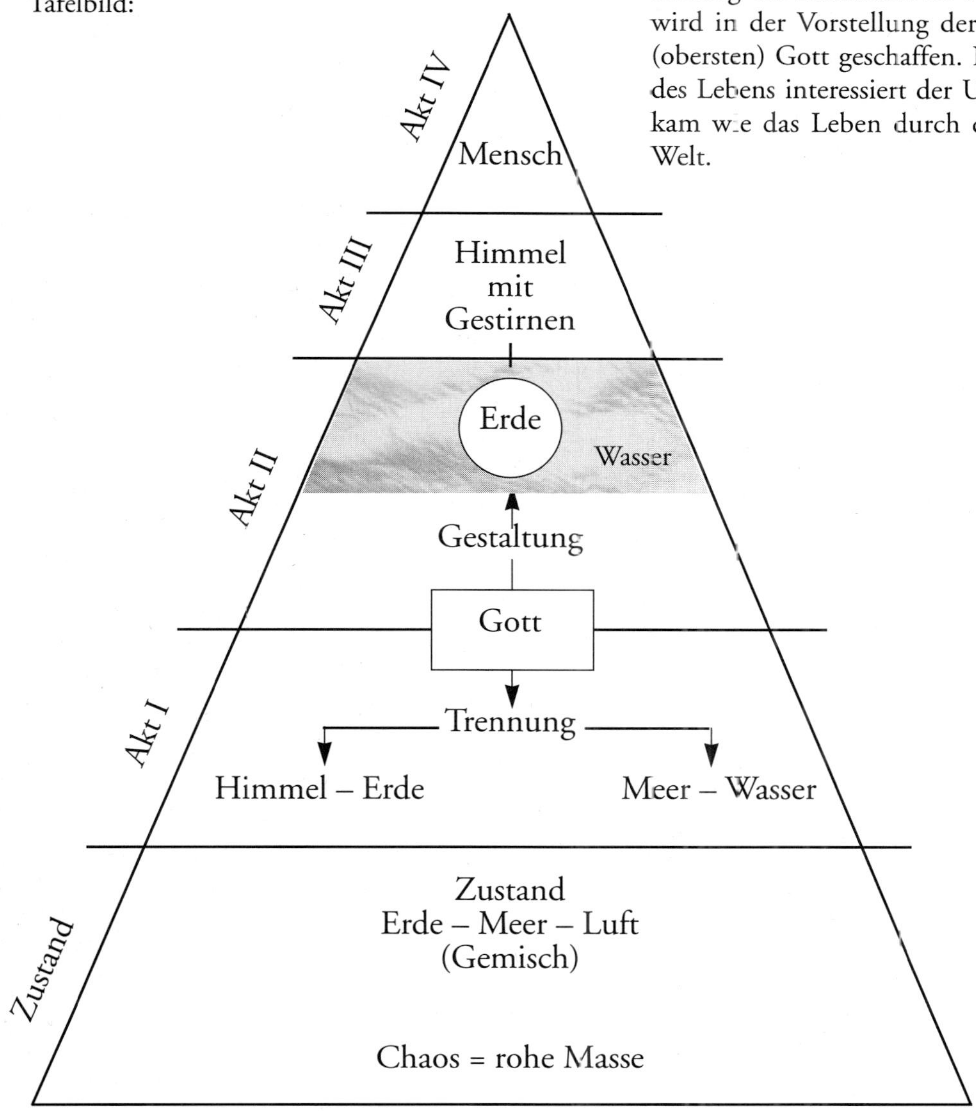

A 6: Afrikanische Mythen

Mit den Arbeitsblättern A 6 und A 7 wird der Kreis altorientalischer und antiker Mythen verlassen, um einen Blick auf die geheimnisvolle und mit schlichter Schönheit erzählte afrikanische und indianische Mythologie zu werfen. Dies bietet didaktisch die Chance, den Schülerinnen und Schülern exemplarisch zu verdeutlichen, dass zu allen Zeiten und in allen Kulturen (Religionen) die Menschen die zentrale Frage nach der Erschaffung der Welt und der Entstehung des Lebens gestellt haben.

M 1 – M 2: Die „Schöpfungsmythe der Sandawe“ und die „... der Arussi“ sind afrikanische Mythen. Sie gibt es in großer Zahl entsprechend afrikanischer Stammesvielfalt. Wie alt diese Mythen sind, lässt sich kaum bestimmen, denn sie beruhen auf mündlicher Überlieferung. Im Gegensatz zu den altorientalischen Mythen spielt in den afrikanischen die Beschaffenheit des Universums keine Rolle. Die Entstehung des Menschen ist bedeutsam. Die „Erde“ wird in der Vorstellung der Afrikaner von einem (obersten) Gott geschaffen. Neben der Entstehung des Lebens interessiert der Ursprung des Todes. Er kam wie das Leben durch denselben Gott in die Welt.

Nicht die Vorstellung eines Schöpfergottes steht im Mittelpunkt der Vorstellungswelt – wichtig sind die Menschen, die geschaffen werden.
M 1 geht von der Vorstellung aus, dass der Mensch („Matunda") dem Brotbaum (tropisches Nutzgewächs) entspringt. Seine Früchte (bis 2 kg schwer) sind für die Menschen Nahrung des Leibes und der Seele. Insofern besitzt der Brotbaum auch symbolische Züge; er verkörpert Schutz und Lebenskraft. „Gott" hat ihn als „Lebensbaum" (vgl. Gen 2,9) auserwählt. Bedeutsam erscheint, dass Matunda bei seinem „(Erd-)Auftritt" zuerst Tieren begegnet. Sie sind nicht Feinde oder Opfer des Menschen, sondern Mitbewohner der Erde. Auch sie sind Geschöpfe des obersten Gottes; er wird hier nicht genannt. Nicht die Begegnung mit den (anderen) Menschen steht im Mittelpunkt des Geschehens, sondern die mit Tieren. Matunda hält nur die Schafe, die Rinder und das Huhn fest, – weil sie ‚Haustiere' sind. Alle anderen Tiere (Hyäne, Löwe, Elefant etc.) lässt er laufen und tötet sie nicht.
Mit M 2 rückt die „Erde" ins Blickfeld. Gott erschuf sie. Die Erde ist weiblich, der Himmel männlich. Sie bildet die ‚Basis' für Leben und Tod; beides ist eng miteinander verknüpft. Als die Erde dem Himmel ungehorsam wird, wird das harmonische Verhältnis beider Mächte zerstört. Die Erde zerfällt; sie wird zu Staub und bleibt Staub.
Vorgeschlagen wird, die beiden Texte in Gruppenarbeit zu erschließen.

Gruppe 1:
- Wie gefällt dir die Mythe M 1?
- Welche Bedeutung hat der Brotfruchtbaum?
- Welches Verhältnis besteht zwischen Mensch und Tier?
- Erinnert dich die Erzählung an andere Mythen? Nenne Beispiele und begründe sie!

Gruppe 2:
- Wie wird die Erde in M 2 genannt und dargestellt?
- Welche Beziehung hat sie zum Schöpfergott?
- Welches Verhältnis besteht zwischen Erde und Himmel?
- Erinnert dich die Mythe an altorientalische oder biblische Vorstellungen von der Entstehung der Welt?

A 7: Indianisches Schöpfungsmärchen

Die Schöpfungsmythen der nordamerikanischen Indianer zeichnen sich durch eine einfache Bildersprache aus. Sie erzählen von der Erschaffung des Menschen, der Entstehung der Sonne und des Mondes. Während für die Europäer der Mensch „Herr der Schöpfung" ist, fühlt sich der Indianer als Teil dieser Erde. Für ihn „lebt" die ganze Schöpfung, sei es Erde, Wasser, Pflanze, Tier oder Mensch. Deshalb ist das Verhältnis des Indianers zur Schöpfung von Respekt bestimmt.
Bevor die Schüler die folgenden Leitfragen beantworten, können sie aufgefordert werden, ein „Text-Bild" anzufertigen, das den im Text geäußerten Vorstellungen von der Entstehung der Welt entspricht.
- Wo liegt das „himmlische Paradies"? Wer lebt hier?
- Was träumt der Himmelsherr? Warum wirft er seine Frau aus dem Paradies?
- Wie bemühen sich die Tiere um die Himmelsfrau? Was tun sie?
- Welche Bedeutung hat die Schildkröte?
- Welche Voraussetzungen werden erfüllt, um auf ihr wie auf einer Insel zu leben?
- Wie wird die Himmelsfrau genannt? Was bedeutet der Name „Erdmutter"?
- Welche Elemente der Mythe erinnern dich an andere Schöpfungserzählungen?

Ergebnis:
In der indianischen Vorstellung besteht anfangs die Welt aus einem (Himmels-)Gewölbe, das sich über ein Urgewässer, schon mit Seetieren belebt, spannt. Der Himmel ist Sitz des Paradieses. Es wird vom Himmelsherrn und der Himmelsfrau bewohnt. Bedeutsam erscheint die Erwähnung eines „Palastes", d. h. einer Götterwohnung und eines „Baums des Lichtes". Die Vorstellung, dass Dunkelheit und Licht den Weltanfang bestimmen, ist mythischen Ursprungs. Auch das Vorhandensein eines Paradieses (d. h. hebr. „himmlisches Gehege") als ursprünglicher Göttersitz ist mythischer Herkunft. Dass der Himmelsherr die „junge Frau" vom Himmel stößt, erinnert an die Erzählung des Jahwisten (Gen 3,23 f.).
Aufgegriffen werden muss, dass die Mythe den Tieren (z. B. „Vögeln") eine wichtige Funktion bei der Schöpfung einräumt. So ermöglicht vor allem die Schildkröte, dass festes Land entsteht und alle Voraussetzungen für Leben erfüllt werden. Damit wird im indianischen Mythos die Schildkröte zur Trägerin der Erde und symbolisiert, dass sie mit dem Schöpfungsbeginn verknüpft ist.
Am Ende gilt es die „Himmelsfrau" zu würdigen. Sie wird „Große Erdmutter" genannt und durchbricht damit die religiöse Vorstellung, dass der Schöpfer der Welt männlich sein muss. Der Begriff „Erdmutter" („Mutter Erde") ist das universelle Urbild der Frau für Fruchtbarkeit, Kreativität und Nahrung. Der Ausdruck zeichnet die Frau als Schöpferin des Lebens aus.

A 8: Erschaffung des Menschen

Bisher wurde der kosmogonische Aspekt der Schöpfung (A 1 – A 7) betont. Mit A 8 soll dagegen die „Erschaffung des Menschen“ in den Mittelpunkt gerückt werden. Dazu dient der Vergleich verschiedener mythischer Textstücke (M 1 – M 5) in Form von Gruppenarbeit. Für jede der 5 (Klein-)Gruppen gilt folgender Fragenkatalog:

- Von welchen Göttern ist in eurem Text die Rede?
- Werden göttliche Eigenschaften genannt?
- Mit welcher Absicht wurden die Menschen erschaffen?
- Aus welchem Material (Stoff) formen sie ihn?
- Welche Aufgaben soll der Mensch erfüllen?
- Wie beurteilt ihr die verschiedenen Vorstellungen von der Erschaffung des Menschen?

Folgende Ergebnisse lassen sich erwarten:
Text M 1 erzählt, dass der babylonische Gott Marduk (vgl. A 4) feierlich verkündet etwas „Kunstvolles“, d. h. den Menschen zu erschaffen. Marduk nennt ihn „Lulla“. Er soll Götterdienste verrichten. Text M 2 beruft sich auf die Göttin „Mami“. Sie erhält als die Schönste den Auftrag in ihrem Schoß „Lulla“ zu bilden. Sie formt ihn aus Lehm, den sie mit „Götterblut“ (Sinnbild der Seele) vermischt. Text M 3 stammt aus dem Buch der Maya (1530 in lat. Schrift gedruckt). Popol Vuh heißt „Buch der Matte“; sie ist eine Sitzunterlage („Thron“) und insofern ein Herrschaftssymbol. Mit dem Ruf „Neues“ zu schaffen, beschließen die Götter aus Lehm den Menschen zu bilden. Weil dem Wesen „Vernunft“ fehlt, muss der Schöpfer (Former) sich über die Fortsetzung seines Werkes beraten lassen.
Mit M 4 werden zwei afrikanische Mythen aus dem äthiopischen Hochland vorgestellt. Sie betonen sowohl die irdische als auch himmlische Herkunft des Menschen. Die erste Mythe stellt „Gott“ (auch) als Former bzw. Töpfer vor. Er muss behutsam mit dem Material ‚Erde‘ umgehen; sie empfindet nämlich Schmerz, wenn aus ihr „Mann und Frau“ geformt werden. Die zweite Mythe nennt den ersten Menschen „Gugo“; er kommt direkt vom Himmel.
M 5 ist germanischer Herkunft („Edda“ ist ein Sammelbegriff für vielfältige Götter- und Heldenlieder). Erzählt wird, dass „Odin“ (der oberste der „Asen“/germanisches Göttergeschlecht) aus Holz „Mann und Frau“ formt. Dabei verleiht ihnen „Hönir“ (nordgermanischer Gott) Verstand und „Loki“ als Helferin Gefühle.
Die Menschen werden aufgefordert, das Land zu bebauen.

A 9: Altorientalisches Weltbild

Diese Abbildung soll verschiedene inhaltliche und didaktisch-methodische Aufgaben erfüllen:

- Sie soll eine Brücke zwischen den ägyptischen, sumerisch-babylonischen und biblischen Weltvorstellungen bilden.
- Sie will das altorientalische und biblische Weltbild schematisch darstellen und veranschaulichen.
- Das Weltmodell soll die Lernenden motivieren und ihnen helfen, kosmogonische (Text-)Elemente von Gen 1 zu begreifen.

Nach Erhalt des Arbeitsblattes empfiehlt es sich, die Darstellung ‚frei‘ zu beschreiben; dafür müsste die Aufgabenstellung abgedeckt werden. Anschließend kann die Aufgabe, das Weltmodell zu beschriften, erfüllt werden.

Tafeltext/Lösung

Himmelsozean und Vorratskammern (2); Urflut (10); Firmament/Gestirne (4); Erde und Meer (6); Säulen der Erde (9); Hagel, Wolken, Wind, Regen, Nebel, Schnee (3); Unterwelt (8); Unterer Himmel/Luftraum (5); Säulen des Himmels (7); Oberer Himmel (1)

Besprochen werden muss, dass das (Welt-)Modell in dieser Form große Räume des Alls wie Himmel und Erde, Meer und Totenwelt beschreibt. Dabei werden Dinge aufgezählt, die den Kosmos gestalten und das Firmament schmücken. Der priesterschriftliche Verfasser von Gen 1 dürfte z. B. Einblick in altsumerische Listen genommen haben, welche die Fülle der Phänomene inventarisierten.
Nach dem genannten Weltmodell schwingt die Erde als Scheibe über der unteren Urflut; zwischen ihr und der Erde befindet sich die Unterwelt (Scheol), trostloser Ort der Verstorbenen (vgl. Jes 5,14; Ijob 10,20 – 22). Über der Erde befindet sich der „Untere Himmel“ als Luftraum; darüber das Firmament, an dem die Gestirne installiert sind. Über die Erde wölben sich also der „Untere“ und „Obere Himmel“; dazwischen liegt der Himmelsozean mit den Vorratskammern, aus denen z. B. in Form des Regens Wasser fließt. Wie die Erde so ruht auch der Himmel auf Säulen.

A 10 / A 11: Schöpfungsbericht I / Schöpfungswerke oder „Haus der Welt“

Der Schöpfungsbericht (Gen 1, 1–2,4 a) wird in fünf Lernschritten erarbeitet.

1. Begegnung mit dem Text
Vorgeschlagen wird die ‚Inszenierung‘ eines kleinen Hörspiels, um den Lernenden den komplexen Text durch Lesen, Sprechen und Hören nahe zu bringen. Am einfachsten ist es, die 7 Tageswerke von einzelnen Sprechern vortragen zu lassen. Ein Tonband muss zur Verfügung stehen, das die Inszenierung aufnimmt und wiedergibt.

2. Anliegen, Entstehung und Aufbau von Gen 1
Dieser Lernschritt konzentriert sich auf 3 Aspekte:
- die (Lehrer-)Information über Anliegen und Entstehung des Schöpfungsberichts
- den Auftrag, sich zu A 11 („Haus der Welt“) zu äußern und die Schöpfungswerke (Textbausteine) in das Schema einzuordnen
- das vertiefende Gespräch über den Aufbau von Gen 1

Ergebnis:
Im Jahre 597 v. Chr. wurde Jerusalem zerstört. Der babylonische Herrscher Nebukadnezzar II. verschleppte 15 000 –16 000 Juden nach (Süd-)Mesopotamien. Es begann für das Volk Israel das „Babylonische Exil“ (597–538 v. Chr.). Vor den Toren des Marduk-Tempels wurde das Volk auf eine harte Probe gestellt. Seine Führer („Priester“) spendeten Trost und erinnerten an Jahwes Taten. Das war nötig, weil das Volk in eine Glaubenskrise geriet. Dies führte zu einer Auseinandersetzung mit den babylonischen Göttern. Die Priester verfassten ein Glaubens- und Geschichtswerk (die „Priesterschrift“ oder Quelle „P“ genannt); das Zeugnis für die Identität Israels sein sollte. Dieses Werk ist auch ein Lob- und Trostlied. Es zeichnet Jahwe als Schöpfergott aus. Ihm wird ein „7-Tage-Werk“ zugewiesen, das im „Sabbat“ gipfelt. Gott selbst hält ihn als „Ruhetag“ ein.

Erwartet wird, dass die Lernenden sich zur Textstruktur äußern: Die Tage 1 („Anfang“), 4 („Mitte“) und 7 („Ende“) bilden den Rahmen des Berichts; die Tage 2 und 3 sowie 5 und 6 sind eingeschoben und gehören thematisch zusammen. Es wird die Bitte geäußert „die einzelnen Tageswerke“ wie folgt in das „Welthaus“ einzutragen:
1. Licht
2. Himmel
3. Pflanzen
4. Sonne, Mond, Sterne
5. Fische und Vögel
6. Landtiere und Menschen
7. Ruhe

Das Gespräch geht von der Behauptung aus, die Schöpfung sei so aufgebaut, dass sich Leben bilden und (von „Stockwerk zu Stockwerk“) entfalten kann. So entsteht am „Anfang“ (1. Tag) Licht. Die (Chaos-)Zustandsbeschreibung ist beendet und die Schöpfung beginnt. Licht erhält die Aufgabe, „Tag“ und Finsternis die Aufgabe, „Nacht“ zu sein. „Licht“ (das von Gott und nicht von der Sonne stammt!) ist die Voraussetzung, dass die kosmische Scheidung (von der Finsternis) in der Aufteilung der „Wasser“ ihre Fortsetzung nimmt und der Himmel (2. Tag) entsteht.
Mit der Entstehung der Pflanzen und ihrer schöpferischen Entfaltung beginnt der Ausbau der Welt (3. Tag). Die Flora ist gegliedert. Der Zweck der Himmelskörper ist schon in der „Mitte“ der Schöpfung (4. Tag) auf den Menschen abgestimmt. Sonne, Mond und Sterne haben für ihn dienende Funktion.
Wie also der 2. und 3. Tag thematisch verknüpft sind (d. h. Lebensraum für Pflanzen und Bäume ist entstanden), so gehören auch der 5. und 6. Tag zusammen; jetzt werden die Lebewesen erschaffen, die in den am 2. und 3. Tag eingerichteten Lebensräumen existieren sollen. Anders gesagt: Weil alle Vorbereitungen für die Lebewesen getroffen sind, können Fische und Vögel (5. Tag) in die Schöpfung eintreten. Nach der Erschaffung der See- und Flugtiere schreitet das Schöpfungswerk zur Entstehung der Landtiere, die im Lebensraum des Menschen ihren Aufenthalt finden. Auch der Mensch entsteht (6. Tag); Gott schafft ihn als Mann und Frau. Er übergibt den Menschen die Tiere und Pflanzen tragende Erde. Wie bei einem Hausbau ist damit der Plan des Architekten erfüllt, d. h. der Kosmos (das „Welthaus“) durch den Schöpfergott realisiert. Am „Ende“ (7. Tag) kehren Ruhe und Freude ein.

3. Mythische Parallelen zu Gen 1
Mit diesem Lernschritt soll gezeigt werden, dass der priesterschriftliche Verfasser sich mit den für Israel fremden altorientalischen Mythen auseinander setzt. Dazu werden einige mythische Elemente der Priesterschrift ausgewählt, tabellarisch erfasst, kommentiert und diskutiert. (Tafelbild hierzu siehe S. 69)

Resümee:
Der Verfasser von Gen 1 greift auf mythische Schöpfungserzählungen des Vorderen Orients und Ägyptens zurück. Die Übernahmen aus den altorientalischen Kosmologien stellen für das Glaubensverständnis Israels aber keine Gefahr dar. Am stärksten

Tafelbild:

bibl. Stelle	mythische Elemente (?)	Vergleiche / Beispiele	Kommentar
Gen 1,2	„wüst und leer" „Urflut"	„Urstoff" (A 1 /M 3) „Urwasser" (A 2 /M 3) „Urmeer" (A 4 /M 3)	enge Anlehnung von Gen 1 an mythische Bilder, Gott entmachtet aber das Chaosgewässer
Gen 1,6	Trennung der „Wasser von Wasser"	Teilung „Tiamats" in zwei Hälften (A 4 /M 3) „schied Himmel und Erde" (A 5 /M 2)	Gen 1 nimmt mythische Tradition auf; aber weder „Erde" noch „Himmel" sind Götter
Gen 1,14	„Lichter am Himmelsgewölbe"	„Himmelsgewölbe und leuchtete …" (A 3 /M 2) „Gestirne (‚Gestalten von Göttern') am Himmel" (A 5 /M 2)	Gen 1 gibt mythische Bedeutung der Gestirne auf und beschreibt deren astrologische Aufgaben
Gen 1,21	„große Seetiere" „gefiederte Vögel"	„Tiamat wurde ein Drache" (A 4 /M 3) „glänzenden Fischen …" „Vögeln" (A 5 /M 2)	Gen 1 personifiziert Seeungeheuer nicht als Meer; sie sind Kreaturen Gottes
Gen 1,24	„Vieh" „Kriechtiere"	„Kleinvieh und Großvieh" (A 5 /M 2)	kein Nachweis, ob Gen 1 hier ein Vorbild sah
Gen 1,26 f.	„Lasst uns Menschen machen" „schuf er … Mann und Frau"	„Marduk … begehrte … Kunstvolles" (A 8 /M 1) „Auf ein Neues … des Menschen Fleisch" (A 8 /M 3) „sie schufen … einen Mann … ein Weib" (A 8 /M 5)	ungewiss, ob Plural „Lasst uns .." eine mythische Ausdrucksform ist; vermuten lässt sich, dass Gen 1,26 ff. ursprünglich mythisch-polytheistische Elemente enthielt

lehnt sich der biblische Redakteur an die Urflutschilderung an, die er als gebändigt ansieht und in den Kosmos integriert.

4. Das Gottesbild von Gen 1

Mit diesem Lernschritt soll das Thema „Gottes Schöpfung" auf die Frage nach dem „Gottesbild von Gen 1" verengt werden.

Die Worte „Am Anfang schuf Gott Himmel und Erde" (Gen. 1,1) besitzen den Charakter einer außergewöhnlichen Einleitung (Überschrift) und bilden mit Gen 2,4 a den Rahmen des Berichts.

Die Anfangsworte betonen:

- Gott hat „im Anfang" alles geschaffen, d. h. die Schöpfung hat einen Urbeginn.
- Gott hat „Himmel und Erde" geschaffen, d. h. nichts ist von Gottes Schöpfung ausgenommen.
- Gott hat alles „geschaffen"; mühelos, frei, ohne vorgegebenen (Ur-)Stoff.

Vor diesem Hintergrund entsteht in Gen 1 ein Gottesbild, das durch „schöpferisches Reden" (Wort) und „schöpferisches Tun" (Tat) bestimmt wird. Es liegt nahe, auch mit Schülerinnen und Schülern über das „Gottes-" und später „Menschenbild" von Gen 1 zu sprechen.

- Lies den biblischen Bericht (A 10) noch einmal und unterstreiche alle Verben (Prädikate), die sich auf Gott (Subjekt) beziehen. (Vgl. Tafelbild 1. S. 70).
- Sortiere die Prädikate nach zwei Gruppen. (Vgl. Tafelbild 2, S. 70).
- Überlege, was die Häufung der Prädikate wie z. B. „sprach" und „schuf" über Gott aussagen.

Konstatiert wird, dass sich die Schöpfung sowohl durch das *Wort* als auch die *Tat* Gottes ereignet hat. Die Häufung der Prädikate „(er) sprach" und „nannte" belegen: Gott *handelt* dadurch, dass er spricht. Jedes der Schöpfungswerke wird durch das Wort verursacht. Das Wort ist die Äußerung des bewussten Wollens Gottes. Damit wird ein Gottesbild etabliert, das das schöpferische Tun Gottes durch das Wort auszeichnet. Die schöpferische Rede drückt göttliche Souveränität aus.

Tafelbild 1:

Wann	Was Gott tut
im Anfang	schuf,
Chaos	schwebte;
1. Tag	sprach, sah, schied, nannte, nannte;
2. Tag	sprach, machte, schied, nannte;
3. Tag	sprach, nannte, nannte, sah, sprach, sah;
4. Tag	sprach, machte, setzte, sah;
5. Tag	sprach, schuf, sah, segnete, sprach;
6. Tag	sprach, machte, sah, sprach, schuf, schuf, segnete, sprach, sprach, gebe, gebe, sah;
7. Tag	vollendete, gemacht, ruhte, segnete, heiligte, ruhte

Tafelbild 2:

Gottes

Wort	**Tat**
sprach	schuf
nannte	sah
nannte	schied
sprach	sah
sprach	machte

5. Das Menschenbild von Gen 1
Im Mittelpunkt dieser (hier nicht ausgeführten) Lerneinheit steht die Frage nach der „Gottesebenbildlichkeit des Menschen" (Gen 1,26 f.). Da diese Fragestellung äußerst bedeutsam erscheint, wird sie eigens in Kapitel II (A 15 – A 18) aufgegriffen und entfaltet.

A 12: Schöpfungsbericht II

Das Bild (**M 1**) aus der Sachsenchronik (13. Jh.) zeigt das alte Motiv der Erschaffung Evas aus der Rippe Adams. Beide symbolisieren ein (Eltern-) Urpaar, das stellvertretend für die gesamte von ihm abstammende Menschheit ist. Der Aspekt wird bei der Besprechung von Gen 2,21 ff. vertieft.

M 2: Es empfiehlt sich den Text, Gen 2,4 b – 25, still zu lesen und dann dazu Stellung zu beziehen. In diesem Zusammenhang wird auf seine Entstehung im Exil (vgl. Kommentar S. 68) hingewiesen. Beide Schöpfungsberichte verknüpft die tiefe Not und deprimierende Erfahrung in der Babylonischen Gefangenschaft: Verlust des Landes und des Tempels. Im Gegensatz zu Gen 1 mit seinem systematischen Schöpfungsplan bringt der Redakteur von Gen 2 eine ausgesprochen menschenzentrierte Sichtweise ein. Der Bericht des Jahwisten gleicht einer Erzählung, welche die Beziehung zwischen Gott, Mensch und Welt veranschaulicht. Auffällig ist, dass Gen 2 nicht das hebräische Wort „Elohim" für Gott gebraucht, sondern ihn „Jahwe" nennt.
Die (Einzel-)Arbeit am Text Gen 2,4 b – 25 kann sich nach folgenden Punkten (Schritten) richten:
- Die Rede von „Erde und Himmel" (V. 4 b – 6)
- Die Erschaffung des Menschen (V. 2,7)
- Der „Garten in Eden" (V. 8 –14)
- Der „Baum des Lebens" und „der Baum der Erkenntnis" (V. 9)
- Das Verbot (V. 16 – 17)
- Die Erschaffung der „Tiere" (V. 19)
- Die Erschaffung „Evas" (V. 21 – 23)
- Die Beziehung des Paares (V. 24 – 25)

Empfohlen wird die(se) Gliederung zu erarbeiten und danach Gruppenarbeit zu planen.
Eingangs gilt festzustellen, dass der Jahwist (V. 4 b – 6) sich den Urzustand der Erde als Wüste vorstellt, in der Wasser und Leben nicht vorhanden sind. Es interessiert all das, was auf der Erde fehlt: Pflanzen, Sträucher und Menschen. Danach wird knapp gesagt, dass Gott den Menschen aus „Ackerboden" (V. 2,7) formt. „Adam" ist nicht ein Eigenname, sondern das hebräische Wort für Mensch („adàm"). Erst durch Gottes Schöpferkraft („Lebensatem") empfängt er Leben, das hinfällig ist. Nach dem Urtext ist der Mensch (nur) Staub. Äußerst wichtig ist der „Garten" (V. 8 – 14), den Gott im Osten, d. h. im Kulturland „Eden", für den Menschen anlegt. In hebräischer Sprache heißt „Eden" so viel wie „Wonne, Lust, Freude". (Dieser Aspekt wird in A 14 aufgegriffen und vertieft). Im Zentrum Edens befinden sich zwei Bäume. Die Bäume des Gartens sind Bilder. Der eine Baum symbolisiert „Leben" und der andere die „Erkenntnis" des Guten und Bösen (V. 9). Letzteres impliziert den (durch die ganze Urgeschichte gehenden) Gedankengang: „Leben" bedeutet in der Vorstellung des Volkes Israel die Nähe Gottes. Die Abwendung von Gott bedeutet „Tod". Wenn man diesen (einen) Sachverhalt (er-)kennt, kann man über ihn verfügen, sich für das Gute oder Böse entscheiden; nach damaligem Sprachgebrauch heißt dies: Man kann sich für „alles, was es gibt" so oder so entscheiden. Das Modell („Gott … gebot"/ V. 16 f.) verdeutlicht dem Menschen, dass er immer wieder vor Entscheidungen gestellt wird.

Eingeschoben wird in die Erzählung (V. 19), dass Gott auch die Tiere aus „Ackerboden“ formt. Der Mensch gibt ihnen einen Namen, d. h. nach damaligem Verständnis: Die Tiere sollen dem Menschen dienen. Mit dem Bild von der Erschaffung der Frau, „Evas … aus der Rippe“ (V. 21 f.), wird nicht die Geringschätzung der Frau symbolisiert. Der Jahwist will vielmehr ausdrücken, dass die Tiere außerhalb des Menschen entstanden sind, Eva jedoch aus Adam; sie ist ihm völlig gleichwertig. In den hebräischen Wörtern „isch“ (Mann) und „ischa“ (Männin) kommt die Wesensverwandtschaft beider zum Ausdruck. Adam und Eva bilden eine Einheit; sie werden ein „Fleisch“ (V. 24). Mann und Frau sind aufeinander bezogen.
In einem *Exkurs* können die Parallelen zwischen der Schöpfungsmythe aus Esne (A 3) und Gen 2 herausgearbeitet und in einem Tafelanschrieb fixiert werden, um anschließend ein Gespräch über das Gottes- und Menschenbild beider Erzählungen zu führen.
Das Tafelbild unten zeigt, dass es zwischen Gen 2 und der Mythe Parallelen gibt. So sind z. B. die Einleitungen ähnlich feierlichen Charakters. In beiden Erzählungen wird der Schöpfer als Töpfer gesehen, der den Menschen aus Erde formt. „Chnum“ als auch „Jahwe“ sind Former und Gestalter des Lebens. Schon zu Schöpfungsbeginn haben beide die Voraussetzungen für „Leben“ geschaffen; sie haben den Himmel über die Erde gewölbt und die Erde für „Mensch-Tier-Pflanze“ vorbereitet.
Zwischen der Sprache und Vorstellung der Verfasser gibt es jedoch auch Unterschiede und Akzente: Für Gen 2 ist menschliches Leben „Gottes Hauch“ (Odem), d. h. geliehenes Leben. Wie ein Gärtner in der Wüste legt Gott liebevoll für den Menschen eine Oase an, die nicht wie in vielen Mythen göttliches Reservat ist. Mit der Übergabe des Gottesgartens wird dem Menschen Verantwortung übergeben. Schließlich befreit Gott Adam aus der Einsamkeit und gewährt ihm Partnerschaft zwischen Mann und Frau. Der Mensch hat in Gen 2 eine besondere Stellung. Er ist nicht nur ein „Erd-“ bzw. „Lebewesen“, sondern auch ein „partnerschaftlich-gemeinschaftliches Wesen“.
Die folgende Tabelle wird mit den Lernenden schrittweise erarbeitet, an der Tafel fixiert und ins Heft übertragen. Die Kriterien, die den Vergleich beider Texte bestimmen, können eingangs gesammelt werden.
Als Nächstes kann ein Vergleich von Gen 1 und Gen 2 in den Mittelpunkt rücken: die Schöpfung des Menschen und seine Qualität, die Erschaffung der Tier- und Pflanzenwelt (vgl. Tafelbild, S. 72).

Tafelbild:

	Mythe aus Esne	Genesis 2
Gott	„Chnum – Re, Herr …“ „großer Gott“; „Bildner“ „Meister der Töpferscheibe“ „Gott der Töpferscheibe“ „viel geliebter Widder“	„Gott der Herr“ „Gott der Herr“ „Gott der Herr“ „Gott der Herr“ …
Welt	Chnum „erhob den Himmel“; er „breitete die Erde aus“; er „machte Städte, … schuf Länder“	Gott machte „Erde und Himmel“; Erde war ohne „Feldsträucher“, „Feldpflanzen“; aber „Feuchtigkeit“ gab es
Tier – Pflanzen – Mensch	Chnum bildete den Menschen auf der Töpferscheibe; als „Gott der Töpferscheibe“ formte er „die Götter“	Gott formte „den Menschen aus Erde“; er gab ihm „Lebensatem“; Gott baute „aus der Rippe … eine Frau“
	Chnum „machte das Kraut“, die Keime der Erde“; er schuf den „Lebensbaum“	Gott ließ „Bäume wachsen“; Baum des Lebens und den „der Erkenntnis“; er legte einen „Garten“ in „Eden“ an
	Chnum bildete „die Tiere“, schuf „Kleinvieh“ und „Großvieh“	Gott „formte aus Ackerboden alle Tiere des Feldes“ und „Vögel des Himmels“

Tafelbild:

	Schöpfungsbericht I	Schöpfungsbericht II
Textstelle	Gen 1,1 – 2,4 a	Gen 2,4 b – 25
Quelle / Verfasser	priesterschriftlicher Verfasser („P")	Jahwistischer Redakteur („J")
Situation / Ort / Zeit	Babylonisches Exil (597 – 538 v. Chr.)	Jerusalemer Geschichtswerk (ca. 7. Jhd. v. Chr.)
Zustand vor der Schöpfung	Urwasser, Chaos: „wüst und wirr"	trocken; keine Sträucher und Pflanzen
Schöpfungsplan / Schöpfungswerke	genau festgelegt: 7-Tage-Ablauf / Werk	kein Plan; Angaben fehlen
Erschaffung des Menschen – seine Qualität(en)	(1) „Menschen" werden durch das Wort Gottes erschaffen; (2) der Mensch ist „Abbbild" Gottes (3) der Mensch ist Höhepunkt der Schöpfung (Modell: Pyramide) (4) der Mensch ist Herr der Schöpfung (5) kein vergleichbarer Hinweis	(1) der „Mensch" wird durch die Tat Gottes geschaffen: Adam aus Erde geformt, Eva aus der Rippe des Mannes (2) keine Angabe (3) der Mensch ist Mittelpunkt der Schöpfung (Modell: konz. Kreise) (4) der Mensch ist Ackerbauer und Viehzüchter (5) der Mensch lebt im Gottesgarten
Erschaffung der Pflanzen	genaue, fast wissenschaftliche Angaben, d. h. Flora ist gegliedert	„Bäume" wachsen „Baum des Lebens" „Baum der Erkenntnis"
Erschaffung der Tiere	erschaffen werden Fische und Vögel, später Landtiere mit dem Menschen	Gott formt Tiere aus Ackerboden
Abschluss der Schöpfung	Sabbat: Ruhe und Freude	kein Vergleich; Hinweis auf „Mann und Frau"

A 13: Das Paradies

Der Holzschnitt von Melchior Schwarzenberg (1535) gleicht einem Weltmodell, das die mittelalterlich-schöpfungstheologischen Vorstellungen widerspiegelt.
Als Brücke zwischen A 12 und A 14 konzentriert sich die unterrichtliche Behandlung der Abbildung auf zwei Aspekte:
- die Beschreibung des Schöpfungsmodells und
- die Deutung des Sinngehalts des Bildes.

Der Holzschnitt besteht aus zwei Bildteilen: dem Gottesmotiv am oberen Bildrand und dem Kosmosmodell in Kreisform (darunter). Letzteres rückt in den Mittelpunkt folgender Beschreibung:
Im Zentrum des Bildes befindet sich ein Menschenpaar in Symbiose mit der Natur und Landschaft: Bergen, Flüssen, Bäumen und Tieren. Die Grenze zwischen den Lebenszonen scheint verwischt. Um diese Oase spannt sich kreisförmig der Himmel mit seinen kleinen und großen Gestirnen. Sie beleuchten den paradiesischen Garten. Ein großer wellenförmiger Gürtel, der an den „Himmelsozean" (vgl. A 9) erinnert, umgibt das Weltinnere. Wie ein „kosmischer Kreis" hält er „Erde und Himmel" (Gen 2,4 b) zusammen. Die mächtige Figur Gottvaters, bestimmt durch Bart, Strahlenkorona und Chormantel, beugt sich mit ausgebreiteten Armen, die rechte Hand erhoben, schützend über die Welt.
Der Holzschnitt veranschaulicht die anthropozentrische Orientierung von Gen 2. Sie besagt, dass der Mensch Mittelpunkt der Welt ist. Gott schenkt ihm deshalb das Paradies als Lebensraum. Die drei konzentrisch-kosmologischen Elemente (Kreisgebilde) modellieren und prononcieren die Situation des Menschen (-Paares) am Anfang der Schöpfung. Mit dem Bild von M. Schwarzenberg wird erneut das Menschen- und Gottesbild von Gen 2 transparent.

A 14: Der Garten Eden

Mit diesem Arbeitsblatt werden vier Ziele verfolgt:
- über Vorstellungen zu sprechen, die mit dem Wort „Paradies" z. B. in der Werbung (M 1) assoziiert werden;
- die alte Zeichnung aus Ninive (M 2) zu beschreiben und dazu Gen 2,10 ff. (M 3) zu befragen;
- die Geschichte „Der Garten" (M 4) zu lesen und das Symbolwort „Garten" zu entschlüsseln.

M 1: Die Werbung arbeitet häufig mit biblischen Textelementen und christlichen Sinnbildern wie „Liebe", „Weg", „Jesus" oder „Gott". Mit Sprüchen wie „Agfa und Eva", „Wer mich liebt, der folge mir nach", „jesus-jeans" oder „Mir geht ein Licht auf" verkündet Werbung eine Botschaft und verspricht Gefühle, Erfolg, Problemlösungen und ein angenehmes Leben ohne Reue.
Ein besonders beliebtes Symbolwort ist „Paradies", das mit Werten (Begriffen) oder Aussagen wie „Insel des ewigen Frühlings", „Tropenparadies", „Duft der Karibik", „Traumstrand" oder z. B. „Exotik" besetzt wird.

M 2–M 3: Die alte Zeichnung aus Ninive (altmesopotamische Stadt am Tigris (612 v. Chr. zerstört) zeigt einen paradiesischen Garten. Im Vordergrund befindet sich ein Gewässer mit diversen Fischen, – die in Gen 2,19 f. nicht erwähnt werden. Im Garten stehen kleine und große Palmen. Rechts im Bild befindet sich ein orientalisches Steinhaus, das wie der Garten terrassenförmig angelegt ist. Scheinbar durchziehen Flüsse (besser: Bäche) das Gartengelände. Damit wird Gen 2,10 –14 in Erinnerung gerufen, denn hier ist die Rede von „vier Hauptflüssen": Pischon, Gihon, Tigris und Euphrat. Letztere sind wohl Bewässerungskanäle, die von einem Strom ausgehen, der im Garten Eden entspringt. Vermuten lässt sich, dass in Gen 2,10 ff. ein mythisch-polytheistischer Rest eingeflossen ist, der auf einen kanaanäischen Berggott verweist, aus dessen Körper vier Flüsse fließen.
Der Garten Eden ist ein „Bild" für den Zustand des Anfangs der Menschheit. Er ist Symbol eines „Landes, wo Milch und Honig" fließen. Gott hat ihn mit einem schützenden Zaun umgeben. Er hat den Garten eigens für den Menschen angelegt. Den an Trockenheit gewöhnten Israeliten muss dieses Stück Land wie ein Traum erschienen sein, denn hier gibt es Wasser im Überfluss. Für uns sind „Eden" und „Paradies" gänzlich verschiedene Welten. Der Gottesgarten ist ein Synonym für „himmlisch" bzw. „überirdisch" geworden.

M 4: Der Text erzählt von einem Mädchen, das Anna heißt. Sie wohnt in einem armseligen Dorf. Anna hat einen Traum, in dem ihr ein Engel das Paradies zeigt. Daraufhin legt Anna einen kleinen Garten an.
Die Geschichte wird unter folgenden Fragen besprochen:
- Welche Paradiesbilder und Utopien werden aufgezeigt? Welche Bedeutung hat der Traum?
- Welche Textstellen erinnern an den „Garten in Eden"?
- Wie bewertest du die Aussage, das Paradies sei ein „Ort, an dem alle in Liebe beieinander wohnen"?
- Welche Bedeutung hat es, dass Anna selbst einen Garten anlegt?

Wesentlich erscheint, auf einige der Paradiesbilder zu verweisen, wie z. B. die „Mauer", die das Paradies schützt; die „Bäume" mit ihren „dichten Kronen"; die „Blumen aller Art" und insbesondere den „Springbrunnen" in der „Mitte des Gartens". Vieles von dem erinnert an Gen 2,10 ff. (M 3) und die alte Zeichnung (M 2).
Den Paradiesgarten zu betreten, ist („Anna") verboten. Er ist den Menschen vorbehalten, für die „Liebe" (im Gottesgarten) keine Utopie ist. Utopien (Träume) gehören aber zu unserem (‚Erd'-)Leben. Sie motivieren und beflügeln unsere Pläne.

Kapitel II: Das Menschenbild oder: Gottesebenbildlichkeit des Menschen

Nachdem in Kapitel I biblische und nicht-biblische Schöpfungsmythen besprochen wurden, werden in diesem Kapitel (A 15 – A 18) gezielt Materialien angeboten, die die Erschaffung des Menschen und seine Gottesebenbildlichkeit thematisieren.

A 15: Erschaffung des Menschen

Der unterrichtliche Einsatz des Bildes von Chagall kann sich in vier Stufen vollziehen:
- der Information zur Person Chagalls
- der Gliederung und Beschreibung des Bildes
- der Bildinterpretation sowie
- dem Resümee des Bildinhalts.

(1) Marc Chagall wird am 7. Juli 1887 in Witebsk (Weißrussland) geboren. Als erstes von neun Kindern wächst er in einer frommen jüdischen Familie auf. Nach Abschluss der Gemeindeschule und Lehrzeit im Atelier des Malers Jehuda Pen (1906) studiert Chagall in St. Petersburg. Von 1910 – 1914 lebt er in

Paris und Berlin. Seine erste Ausstellung in New York ist 1926. Als Chagall 1931 sich in Palästina aufhält, beginnt er mit Radierungen zur Bibel, die ihn bis 1939 beschäftigen. 1941 emigrierte Chagall in die USA. In den 50-er Jahren legt er neue Entwürfe zu biblischen Themen vor. So entstehen 105 Radierungen *Bible* und sein Band *Dessins pour la Bible.* Von 1956–1958 entsteht das Ölgemälde „Die Erschaffung des Menschen“ (Gen 2,7). 1973 finden Chagalls Bibelbilder im Musée National Message Biblique in Nizza eine Bleibe. Am 28. März 1985 stirbt Chagall in Saint-Paul-de-Vence.

(2) Die Bildmitte zieht sofort die Aufmerksamkeit auf sich. Eine mächtige Gestalt mit Flügeln, in Bewegung und den Blick zurück gewandt, trägt auf seinen Armen einen nackten, leblos oder ohnmächtig erscheinenden Menschen. Aus der unteren Mitte des Bildes heraus berührt ein spindelartiges Gewinde den menschlichen Körper. Beide Gestalten bilden einen rechten Winkel, der aus einer Vertikalen (Engel) und Horizontalen (Mensch) besteht.
Die Flügel des Engels oder Boten (Gottes) zeigen in die linke obere Bildecke, die von Wolken umrahmt ist. Verschiedene (symbolische) Elemente bestimmen diese Fläche: ein großer Fisch mit einer Hand; eine jubelnde Menschenschar mit zum Gebet erhobenen Armen sowie zwei Gesetzestafeln, die von Armen (Gottes) gehalten werden und aus einer Wolke herausreichen; davor schwebt auf Flügeln ein kleiner Kopf, der an Mose erinnert.

Ein posaunender Engel verweist auf die rechte Bildecke, die durch eine spiralförmige Bewegung bestimmt wird. Er symbolisiert die Sonne mit ihren Strahlen. Um die Spirale sind zahlreiche Gestalten gruppiert wie z. B. der Gekreuzigte mit dem jüdischen Gebetsschal als Lendentuch. Eine Leiter ist ans Kreuz gelehnt und ein Baldachin schützt die Szene. Über einer Menschengruppe (rechts) schweben Engel, die Christus huldigen. Mit dem Rücken zum Kreis hält eine menschliche Gestalt, vielleicht ein Prophet, ein Buch in der Hand. Ein Mann mit einem brennenden Leuchter lehnt sich an eine Leiter, an deren Fuß wohl Jakob kauert. Daneben befindet sich ein Esel mit einer Torarolle über den Hausdächern von Witebsk. Ein Herrscher mit Harfe, vielleicht David als Symbolfigur für Dichtung und Musik, eine Reihe von Menschen und eine Frau mit dem Unterkörper eines Hahns (Fruchtbarkeitssymbol) schließen das Bild zur Mitte hin ab.
Im unteren Bildrand tauchen verstreut verschiedene Wesen aus der Natur auf wie ein Eselskopf, ein Vogel, ein Tierkopf (links) sowie ein liegender Esel, ein Vogel und ein Menschenpaar (rechts).

(3) Das Bild Chagalls von der „Erschaffung des Menschen“ ist ein ungewöhnliches Werk. Das Gemälde besteht aus verschiedenen Zonen, die sich durch Linien verbinden lassen. So ist vor allem die Diagonale bedeutsam, die sich vom Menschenpaar rechts unten über den Boten Gottes zu den Menschen links oben zieht. Diese Linie symbolisiert den Weg des Menschen, der in die Nähe Gottes führt. Die Diagonale erzeugt Spannung. Sie verbindet die Erde („unten“) mit dem Himmel („oben“). Zwischen beiden Polen vermittelt der Engel. Er trägt den ins Leben gerufenen („geformten“) Menschen, wobei sein Blick ‚zurück‘ geht, d. h. der Bote bleibt mit dem Ausgangspunkt, der Erschaffung des Menschen durch Gott (Gen 2,7), verbunden. Das Verhältnis beider Gestalten ist von gegensätzlicher, aber auch kommunikativer Art: Der Gottesbote steht aufrecht und beugt sich leicht nach vorn. Der Mensch dagegen liegt quer zu ihm; er ist in ohnmächtigem Zustand. Die Verbundenheit beider symbolisiert die Grundfigur des Kreuzes, die durch die Vertikale und Horizontale gebildet wird.
Das Leben des Menschen wird in der Polarität zwischen der Natur (Tiersymbolik der linken unteren Bildecke) und der Geschichte (Gestalten am Rand der Spirale) verkörpert. Der Mensch befindet sich in einem Spannungsverhältnis zwischen Freude und Trauer, Leben und Tod. Das Umfeld der Spirale (rechte obere Ecke) versinnbildlicht, dass in die Geschichte der Menschheit vielfältige „Spuren Gottes“ eingedrückt sind: Jesus Christus, Propheten, Priester und z. B. die Liebe zweier Menschen.
Das Ziel des Menschen ist es in die Nähe Gottes zu gelangen (linke obere Bildecke symbolisiert den Raum Gottes). Dies gelingt nur den Menschen, die sich im Leben bewährt haben (Menschen links unterhalb des Fisches).

(4) Das Bild Chagalls (A 15) hebt sich von der üblichen Darstellung der Schöpfungsthematik ab. Es stellt die Beziehung des Gottessymbols (Engels) zum „unfertigen, formlosen“ Menschen als ungewöhnlichen Kontrast dar. Der Mensch als „Ebenbild Gottes“ muss erst Gestalt annehmen, um seinen Herrschaftsauftrag (Gen 1,28) zu erfüllen.

A 16: Aus altorientalischen Mythen

Mit den Materialien M 1 – M 7 lässt sich erarbeiten, dass Gen 1 mit der Vorstellung der „Gottesebenbildlichkeit des Menschen“ zwar altorientalische Traditionen aufgreift, diese jedoch entscheidend neu akzentuiert.
Viele Mythen, die von der Menschenschöpfung erzählen, bieten die Wendung „Abbild“ oder „Eben-

bild (Gottes)" nicht eindeutig an. So gebraucht z. B. Berosus den Ausdruck „Bilder" (M 1); ob damit auch der Mensch gemeint ist, bleibt unklar. Die Bezeichnung „Ebenbild Gottes" fehlt nicht gänzlich. So wird in einem Brief (M 7) der Vater des Königs „Ebenbild Bels" genannt. In den meisten sumerischen Mythen bezieht sich der Begriff „Ebenbild" nicht auf den Menschen, sondern auf eine Gottheit. Weitaus eindeutiger als in den sumerisch-babylonischen Schöpfungsmythen ist der Ausdruck „Ebenbild Gottes" im Ägyptischen. Zahlreiche Schriften (vgl. M 6) eröffnen die Vorstellung, dass der Pharao das „Abbild Gottes" auf Erden ist. In der Theologie von Heliopolis (vgl. A 1) stehen die Götter und der Pharao in enger Beziehung. Er gilt als Geschöpf der Götter und ist deren glänzendes Abbild auf Erden. Letzteres belegt, dass es zwischen Gen 1,26 und den ägyptischen Bezeichnungen „Abbild" und „Ebenbild" Parallelen gibt. Die Priesterschaft nimmt hier eine altorientalische Tradition auf; sie erweitert jedoch den Begriff von der Gottesebenbildlichkeit auf die gesamte Menschheit.

A 17: Der Mensch – Gottes Ebenbild

Gen 1 und Gen 2 räumen dem Menschen eine besondere, „hervor-ragende" Stellung im Kosmos ein. Die mehr statische Sicht des Menschen in der Priesterschrift wird durch die eher dynamische Perspektive des Jahwisten ergänzt. Während Gen 1 die Gottähnlichkeit des Menschen betont, weist Gen 2 dem Menschen folgende Besonderheit zu: Er ist ein Erdwesen; „Erdling", Adam (Gen 2,7 a). Der Mensch ist ein Lebewesen, das mit „göttlichem Lebensatem" (2,7) versehen ist. Er ist ein die Erde gestaltendes Wesen; er bebaut und behütet den Garten Eden (2,15). Der Mensch ist ein partnerschaftliches Wesen. Dies dokumentiert die Erschaffung der Frau „aus der Rippe" (2,22) des Menschen. Schließlich ist er ein dialogfähiges Wesen; er kann die Beziehung zu Gott (2,16 f.) abbrechen.

Vor diesem Hintergrund sollen mit den Schülerinnen und Schülern die Materialien M 1 – M 7 durchgenommen werden.

M 1: Mit dem Impuls, dass sich ein Künstler etwa vor 1000 Jahren die Erschaffung des Menschen so vorgestellt habe, wird die Bildbesprechung eingeleitet:
- Was siehst du auf dem Bild? Beschreibe es möglichst genau!
- Überlege, ob auch eine andere Überschrift („Gott schuf den Menschen als sein Ebenbild") zu dem Bild passen würde.
- Was sagt das Werk über das Verhältnis von Gott und Mensch aus?

Das Bild zeigt zwei Figuren, die in Stein gehauen sind. Die linke Skulptur stellt Gottvater dar; denn sein Haupt wird von einem hell schimmernden Kreis umgeben. Der Nimbus (wörtlich: „Wolke") symbolisiert, dass sein Träger die Weltherrschaft besitzt. Die rechte Hand des Schöpfers liegt auf der Brust der rechten, jünger erscheinenden Skulptur. Dies dürfte die enge Beziehung zwischen Schöpfer und Geschöpf (Adam) versinnbildlichen, aber auch ausdrücken, dass Gottes Hand zur Rippe Adams führt, um sie zu entnehmen (Gen 2,21 f.). Die Komposition beider Figuren dokumentiert ein innigliches Zueinander und lässt die (neue) Überschrift zu: „Gott schuf den Menschen als sein Ebenbild."

Tafelbild zu A 16:

Mythe	Wie genannt?	Wer gemeint?
M 1	„Bilder im Tempel"	mischgestaltige Wesen; Menschen
M 2	„Ebenbild von ihm" „Ebenbild Anus"	Gilgamesch – (sum.) König von Uruk
M 3	„Zeichnung von ihm"	unverständlicher Hinweis
M 4	„ihre Bilder … unter den Menschen"	wohl Götterbilder
M 5	„mein lebendiges Ebenbild"	Sohn des Königs
M 6	„… großes Abbild" „Abbild von ihm" „göttliches und schönes Ebenbild"	Amenophis III Königstitel
M 7	„Ebenbild Bels"	Pharao = Ebenbild der Gottheit (Bel)

M 2: Gen 1,26 f. soll an dieser Stelle nur ein Impuls sein, um den Begriff der Gottähnlichkeit des Menschen einzubringen. Worin besteht die Gottebenbildlichkeit des Menschen? Diese Frage soll bei der Besprechung von M 6 und M 7 (wieder) aufgegriffen und vertieft werden.

M 3 – M 5: Die Texte bilden eine inhaltlich-didaktische Einheit: Sir 17 (M 3) weist Elemente eines Lehrgedichts und eines Hymnus auf. Letzteres verbindet mit Ps 8 (M 5), in dem der Schöpfer gepriesen und die Würde des Menschen unterstrichen wird. Das Gedicht (M 4) bekennt, der Mensch („Ich") sei ein Wunder. Das heißt: Die Texte betonen die Einzigartigkeit des Menschen und seines Ursprungs. Mit Ps 8,5 f. läßt sich die Thematik von Gen 1,26 – 27 (M 2) kurz so kommentieren: „Was ist der Mensch, dass du … ihn mit Herrlichkeit und Ehre gekrönt hast?"
Vorgeschlagen wird Gruppenarbeit mit folgender Aufgabenstellung:

Gruppe 1: Lest Text M 3 und markiert, was über den Menschen ‚Wichtiges' gesagt wird. Notiert einige Aussagen, die auf Besonderheiten des Menschen aufmerksam machen.

Gruppe 2: Lest Text M 4 und überlegt, wie sich der Mensch fühlt, der diese Aussagen macht. Begründet kurz, warum man den Menschen „ein Wunder (der Schöpfung)" nennen kann.

Gruppe 3: Lest Text M 5 und überlegt, welche Antwort(en) der Psalmist auf die Frage „Was ist der Mensch …?" gibt. Belegt mit dem Text, weshalb man den Menschen „Krone der Schöpfung" nennt.

Gruppe 4: Lest Text M 6 und M 7. Notiert, wie der Mensch von beiden Autoren genannt wird. Was bedeutet die Aussage: „Gott wiederholt sich nicht im Menschen, aber der Mensch ist (sein) Geschöpf"?

Als Ergebnis der Gruppenarbeit werden Aussagen an der Tafel fixiert, welche die Besonderheit des Menschen betonen, aber auch einschränken – wie z. B.: Der Mensch hat Macht. Er ist aber ein vergängliches Geschöpf. Der Mensch hat Verstand. Er ist ein freies Wesen. Seine Existenz gleicht einem Wunder. Der Mensch besitzt die Herrschaft über die Tiere. Er ist jedoch geringer als Gott. Der Mensch wird „Ebenbild Gottes" und „Krone der Schöpfung"genannt. Er ist ein Geschöpf Gottes. Er ist von Gott durch seine ‚Gottähnlichkeit' ausgezeichnet worden.
Was mit der „Gottebenbildlichkeit" gemeint ist, lässt sich so vertiefen: Der Begriff der Gottebenbildlichkeit ist eine Auszeichnung für den Menschen, die ihn dazu verpflichtet, mit der Schöpfung verantwortlich umzugehen.
Die Materialien heben die besondere Stellung des Menschen in der Schöpfung hervor (M 1 + M 2) und erinnern aber auch daran (M 3), dass der Mensch seine Fähigkeiten nicht nur zum Guten nutzt.

A 18: Der Mensch – Krone der Schöpfung?

M 1: Der Text besteht aus einer klaren (interessanten) Verknüpfung von Form und Inhalt: Auf die Frage „Was bist du, Mensch?" erfolgen fünf Antworten. Sie werden jeweils mit dem Adverb „Mehr" (dem Komparativ zu „viel") eingeleitet. Drei Mal, fast ‚atemlos' vorgetragen, erfolgt die Antwort, der Mensch sei mehr als eine vergängliche Spur, ein biologisches Ereignis oder technologisch-programmiertes Wesen. Mit dem vierten „Mehr" erfolgt eine kleine (Aufzähl-)Pause und Steigerung des Komparativs: Der Mensch ist noch „viel mehr" als „Mehr".
Aber nicht sein Verstand („ratio"), mit dem er die Dinge beherrscht, oder sein ständig produzierter Fortschritt definiert den Menschen. Die endgültige Antwort (das fünfte „Mehr") lautet: Der Mensch ist die „Krone der Schöpfung", weil Gott ihn dazu auszeichnet, d. h. ihn sein Ebenbild nennt.

M 2: Die Gedichtsstrophen 1 – 3 werden jeweils durch die Feststellung eingeleitet: „Ich bin ein Mensch." Dies ist die (Aussage-)These des Autors, der hier für alle Menschen unterschiedslos spricht. Mit Strophe 4 wird die Behauptung, vorgetragen wie ein Liedstück, repetiert und präzisiert: Der Mensch ist „mehr" (vgl. M 1) als ein biologisches Wesen. Er besitzt etwas Einzigartiges. Strophe 5 beginnt mit einer anderen Aussage, das Tier bleibe, was es sei. Damit will der Autor den nichtmenschlichen Geschöpfen nicht ethisch-mindere Qualität verleihen, sondern auf den radikalen Unterschied beider Lebewesen verweisen: Von der Schöpfungsintention her ist der Mensch von „besonderem Sinn". Er ist „Krone der Schöpfung". Er hat „Phantasie", d. h. eine den Menschen auszeichnende Qualität.

M 3: Biermanns Liedüberschrift von der „Größe des Menschen" provoziert, wenn man die Strophen 1 – 4 liest. Sie handeln nicht von der Größe des Menschen, sondern von der Natur. Regengüsse, Sturmfluten, Orkane und Vulkane sind Gewalten, die das Lebenshaus der Schöpfung zerstören (können). Nach Aufzählung dieser die Erde bedrohenden Mächte, konstatiert Biermann, dass der *Mensch* sie mit seiner „Zerstörungskraft" übertrifft. Damit wird die Auszeichnung des Menschen als „Krone der Schöpfung" nicht nur problematisiert, sondern auch zurückgenommen.

Die Texte des Arbeitsblatts werden in Gruppenarbeit mit folgenden Arbeitsaufträgen bearbeitet.

Gruppe 1: Lest M 1 und überlegt, wie der Text gegliedert ist. – Wie beantwortet die Autorin die Eingangsfrage? Wie lautet ihre Kernantwort? Sieht sie im Menschen die „Krone der Schöpfung"?

Gruppe 2: Lest M 2 und überlegt, warum der Text „Lied des Menschen" genannt wird. Ließe sich die Überschrift (auch) in „Lob des Menschen" umformulieren? – Warum wird die Feststellung „Ich bin ein Mensch" so betont, aber eingeschränkt? Worin unterscheidet sich nach Krüss der Mensch vom Tier? Ist er die „Krone der Schöpfung"?

Gruppe 3: Lest M 3 und überlegt, weshalb sich dieser Text von den anderen abhebt. Warum trägt dieser Text die Überschrift „Größe des Menschen"? Was will Biermann uns mit seinem Lied sagen? Was würde er auf die Frage nach dem Menschen als „Krone der Schöpfung" antworten?
Bei der Auswertung der Gruppenarbeit sollte deutlich werden, dass dem Menschen trotz seiner Sonderstellung innerhalb der Schöpfung keine schrankenlose Herrschaft über alle anderen Geschöpfe und schon gar nicht die Zerstörung des Erde gestattet.

Kapitel III: Lob und Bewahrung der Schöpfung – Verantwortung für die Erde

Die Arbeitsblätter A 19 – A 22 gehören thematisch zusammen. Die Triade „Dank – Lob – Liebe" bildet eine didaktische Einheit. Es wird Bild- und Textmaterial angeboten, das Erfahrungen mit einem guten Schöpfer artikuliert und visualisiert: Gott als Urheber der Schöpfung erfährt durch den Menschen höchstes Lob.
Diese Perspektive gründet auf Gen 1,31: Gott selbst stellt fest, dass alles „sehr gut" war. Diese Billigungsformel fasst alle einzelnen Schöpfungswerke zusammen. Der Superlativ „sehr gut" drückt aus, dass Gottes Schöpfung voller Harmonie ist, ohne jegliches Übel.

A 19: Dank an die Mutter Erde

Mit Texten und Abbildungen, die indianischen Vorstellungen und Lebenswelten entstammen, sollen die Schülerinnen und Schüler Einstellungen kennen lernen, die Dankbarkeit und Respekt für die Schöpfung kennen.

M 1 – M 2: Die Abbildung eines „Dakota-Schilds" soll an die indianische Vorstellung von der Erde als Lebensraum (vgl. A 7; Kommentar, S. 66) erinnern. Die Erde ist in den blauen Himmel hinein wie ein Netz gespannt, das an vier Kardinalpunkten (Ost, West, Süd, Nord) befestigt und gesichert ist. Die „Vier" als kosmisches Zeichen symbolisiert, dass Himmel und Erde, Mensch und Welt eng miteinander verbunden sind. Der Mensch ist nicht „Herr", sondern „Teil" der Schöpfung. Dies bestimmt auch den „Dank" des Indianers „an die Mutter Erde". Sie ist wie ein Hymnus (M 2), dessen Rhythmus das Leben (das ist „Bewegung") symbolisiert.

M 3: Der Text ist ein Dankgebet, das sich an die Erde richtet. Die Überschrift definiert das besondere Verhältnis des Menschen zur Erde: Sie ist die Mutter, die Menschen sind ihre Söhne. Was der Erde nützt oder schadet, nützt oder schadet auch den Söhnen. Die Erde gehört nicht den Menschen, sondern der Mensch gehört zur Erde.
Aus dieser Sicht sind „Flüsse und Bäche", „Büsche und Bäume", „Mais" und „Kräuter" mehr als natürliche Ressourcen (Hilfs-/Rohstoffquellen), die der Mensch einfach ausschöpft: Wasser bedeutet „Leben", Kräuter bedeuten „Heilung" und Holz wird mit „Mütterlichkeit" sowie „Lebenskraft" in Verbindung gebracht. „Wind" bedeutet ungreifbare Bewegung. „Mond" und „Sterne" leuchten des Nachts. Die „Sonne" ist die Verkörperung des Lichts und der Wärme. Der Sonne sehr nahe steht der „Große Geist" (manitu); er ist der oberste Gott, in dem sich Erde und Weltall wie in einem Zentrum vereinen. Resümieren lässt sich, dass das Dankgebet den Respekt des Indianers zur Schöpfung zeigt, den wir Europäer oft vermissen lassen. Es gilt daraus zu lernen, gegenüber der Schöpfung rücksichtsvoller zu sein und zu reflektieren, dass elementare (z. B. Energie-) Ressourcen wie Wasser, Wind und Wald kostbare Güter sind.

M 4: Der lyrische Text ist das Bekenntnis eines Indianers, das Eingeständnis eines Menschen, er sei vor der Erde „beschämt". Diese Aussage wird 7-mal gemacht. Sie unterstreicht damit die Sieben als Symbol mit positivem Vorzeichen: Die Zahl 7 ist eine „heilige Zahl", in der sich „Gott und die Welt" („3 + 4") vereinen. Mit dieser Symbolik dürfte der Text (Dankgebet oder Loblied) ausdrücken, dass der Sprecher („Ich") vor der „Fülle und Vollständigkeit" des Schöpfungswerkes Gottes „beschämt" ist. D. h. der Mensch ist angesichts der Größe und Schönheit der Erde und des Kosmos tief berührt. Er stellt fest, dass er der Schöpfung nichts Gleichrangiges entgegenbringen kann.

A 20: Lob der Schöpfung

Dieses Arbeitsblatt bietet zwei Zeugnisse aus unterschiedlichen Zeiten und Kulturen. Gemeinsam ist ihnen das Lob der Sonne und damit implizit das Lob der Schöpfung.

M 1 / M 2: Die Sonne ist bei fast allen Völkern ein wichtiges Symbol. Frühere Hochkulturen verehren sie als Gottheit. Besondere Verehrung genießt die Sonne in Ägypten, wo sie den Sonnengott Rê in Verbindung oder Identifikation mit anderen Göttern wie Amon oder Chnum (vgl. A 2) versinnbildlicht. Der Falke ist das heilige Tier Rês. Daher wird Rê-Harachte) auch als falkenköpfiger Gott mit aufgehender Sonne (auf dem Kopf) gezeigt.

Arbeitsauftrag an die Schüler:
- Begründet, warum die Sonne diese Verehrung genießt. Mit Hilfe der Zeichnung (M 2) werden die Schüler schnell die Frage beantworten können. Die Sonne löst die Dunkelheit der Nacht ab und verheißt einen neuen Tag. So wird sie zum Zeichen des „Anbruchs“, des ständigen Neuanfangs und der Hoffnung.

M 3: Der „Sonnengesang“ ist ein Text, den Franz von Assisi (der „Hl. Franziskus“) wohl in den letzten Lebensjahren geschrieben hat. Er starb am 3. Oktober 1226 – zurückgezogen in die Einsamkeit. Franz liebte die Natur. In den Tieren und Pflanzen sah er Spuren Gottes. Die Geschöpfe betrachtete er als ein Lob des Schöpfers. Durch die Kreatur fand er zu Gott.
Um dem Text aufmerksam zu begegnen, wird er von 10 Schülern abwechselnd vorgetragen. Ein zunächst freies Gespräch über den Hymnus sollte in eine Erarbeitungs- und Auswertungsphase münden, deren Ergebnisse in einem Tafelanschrieb festgehalten werden.
- Zeige, durch welche Elemente und Werke Gott als Schöpfer gelobt wird. Überlege, warum gerade die Sonne „Schwester“ und „Ebenbild“ Gottes genannt wird.

Jede der Strophen 2 – 9 wird mit dem Lobspruch eingeleitet: „Gelobt seist du, mein Herr.“ Dies zeichnet den Text als einen Hymnus aus, der Gott und seine Schöpfungswerke preist. Liebevoll werden die Elemente („Wind“, „Feuer“, „Wasser“) und Werke („Sonne“, „Mond“, „Sterne“ und „Erde“), „Bruder“ oder „Schwester“ genannt. Damit wird dokumentiert, dass Himmel und Erde für den Menschen, die „Krone der Schöpfung“ (vgl. A 18), geschaffen wurden. Selbst der „Tod“ wird zum Instrument des Lobs an der Schöpfung. Dass die Sonne an erster Stelle

Tafelbild:

Wer?	Was?	Wie genannt?
(Schöpfer)	(Werk / Geschöpf)	
Herr (Gott)	Sonne	unsere Schwester strahlend schön, leuchtendes Ebenbild
Herr (Gott)	Mond, Sterne	unsere Brüder kostbar, schön
Herr (Gott)	Wind; Lüfte, Wolken	unser Bruder
Herr (Gott)	Quelle, Wasser	nützlich, dienlich, köstlich, rein
Herr (Gott)	Feuer	unser Bruder heiter, schön, kraftvoll, stark
Herr (Gott)	Erde	unsere Mutter, spendet Leben …
Herr (Gott) Höchster	Menschen, die lieben, vergeben …	Träger der Krone ewigen Lebens
Herr (Gott)	Tod	unser Bruder

„Schwester“ genannt wird, geht auf ihre Bedeutung als Schöpfungswerk (Quelle des Lichts und der Wärme) zurück. Schon in frühchristlicher Zeit (4. Jh.) wird Jesus Christus mit der Sonne verglichen. In Ps 84,12 heißt es sogar: „Denn Gott ist Sonne und Schild.“ Damit ist die Sonne ein „göttliches Symbol“.

A 21: Lob der Natur

Im Gegensatz zu A 20 (das zwei ältere Texte brachte) begegnen die Lernenden hier neuzeitlichen Texten als Beispiele einer Lyrik (M 1 – M 3), die Gott in der Natur erkennen und durch die Natur rühmen will. Der kurze Textauszug von Bonaventura (1221 – 1274) eröffnet den Blick auf die historische Tradition dieser Art der Naturbetrachtung.

M 1: Dieses kleine Gedicht hat Erfahrungen eines Menschen (Autors) mit einem Stein zum Thema: Er ist nicht nur ein Stück gefühlloser, kalter und kantiger Natur, sondern auch „schön“. Steine sind wie eine Chiffre der Natur und ein Beispiel der Schöpfung Gottes.

M 2: Dieser Hymnus führt nicht kosmische Werke („Himmel und Erde“) als Lob des Schöpfers an, sondern sieht in wenig beachteten Dingen (z. B. einen „Grashalm“) oder selten wahrgenommenen Schöpfungen (wie dem Ei des „Zaunkönigs“) Spuren Gottes. Für den Dichter ist eine „Baumkröte“ ein göttliches „Meisterwerk“. Und „Brombeerranken“ sind himmlischer Schmuck. Das Handgelenk ist von der Natur so eingerichtet, dass es jedem technischen Vergleich standhält. Der Mensch („Ich“) ist gleichsam die Summe vieler Eigenschaften. In seiner Einzigartigkeit vereint er so viele Funktionen, dass er andere Geschöpfe übertrifft. Der Mensch hat seine eigene Evolution überholt; sie gefährdet ihn.

M 3: Der lyrische Text von Marti wird durch den Lobspruch „es lobt“ bestimmt. Er wird 3-mal vorgetragen bzw. wiederholt, um zu akzentuieren, dass dem Schöpfer Lob gebührt. Gott wird „vater“ der Geschöpfe und „lenker“ des Lebens genannt. Der Lobspruch wird mit der Existenz des Geschöpfs selbst begründet. Vielleicht wird damit die Kritik an uns Menschen laut, Gottes Schöpfung zu wenig zu beachten und zu würdigen.

M 4: Der Autor des Textes ist Philosoph und Kirchenlehrer, die führende Gestalt der Hochscholastik (13. Jh.); in der Auseinandersetzung mit Aristoteles erhält die(se) Theologie neue Impulse. Für Bonaventura ist die Welt ein Abbild und Gleichnis Gottes. Die Natur bildet die Schöpfung ab. Sie ist von Wundern durchsetzt; sie ist wie eine Stimme, die Gott gehört. Über die Natur erfährt der Mensch Gott. Deswegen gilt es die „Wunder der Natur“ zu loben.

A 22: „Liebeserklärung an die Erde“

Mit dem vorgelegten Bild-/Textmaterial (M 1 – M 3) wird das Thema „Lob der Schöpfung“ (A 20) durch die Variante „Liebeserklärung an die Erde“ fortgesetzt.

M 1: Mit Psalm(-Stück) 104 erreicht das Thema „Lob der Schöpfung“ einen Höhepunkt: Gottes Schöpfungswerk (Gen 1) wird wegen seiner „Hoheit und Pracht“ (V. 1) gerühmt. Der Text wird durch drei eng verknüpfte Aspekte bestimmt: Lobsprüche, Vorstellungen von Welt und symbolische Redestücke. Aussagen wie „Lobe den Herrn, meine Seele!“ oder „Herr, wie zahlreich sind deine Werke!“ zeigen, dass der Text ein Lobpsalm ist. Er ist auch typisch „weisheitlich“, weil er die konkret erlebte Welt beschreibt und dabei oft ins Detail geht. Formulierungen wie „du spannst den Himmel aus …“ oder „Du (stellst) die Erde auf Pfeiler“ erinnern an das altorientalische Weltbild (vgl. A 9). Der Psalmist zeichnet hier die Welt so nach, wie er sie sieht: Sie ist dreigeteilt; sie besteht aus dem Himmel (V. 2 ff.), der Erde (V. 5 ff.) und dem Meer (V. 25 ff.).
Wenn es z. B. heißt „Du hüllst dich in Licht“ oder „Du nimmst dir die Wolken zum Wagen“, so handelt es sich hier um symbolische Redestücke. Denn „Licht“ und „Wolke(n)“ sind Sinnbilder für Gott.

M 2 / M 3: Bei den Zitaten handelt es sich um Äußerungen von Astronauten, unmittelbare Reaktionen beim Anblick der Erde aus dem Weltall. Die Worte drücken Hingerissenheit von der Schönheit des „blauen Juwels“ aus. So kann E. Mitchell sein Entzücken über den faszinierenden Anblick der aufgehenden Erde (M 2) kaum verbergen. R. L. Schweickarts Worte drücken „Erlebnis und Reflexion“ zugleich aus; seine Aussagen erinnern an Wahrnehmungen der Naturlyrik (vgl. A 21). L. Actons Reaktion angesichts der „Schwärze des Weltraums“ sind Gefühle, nicht falsche Sentimentalität. – Resümiert man die Aussagen, z. B. Williams und Atkows, so lässt sich konstatieren, dass die Raumfahrer „Fürsprecher der Erde“ sind.

A 23: Die Erde ist nur geliehen

Karikatur und Texte wollen den Schülerinnen und Schülern bewusst machen, dass wir Menschen die Erde nur für die Zeit unseres Lebens bewohnen. Das Lebenshaus „Erde“ gestattet uns an ihren Gütern zu partizipieren, sie jedoch nicht maßlos zu verbrauchen. Der Schöpfergott stellt uns Menschen in den „Dienst des Lebens“ (vgl. Gen 1,26 – 28). Dies impliziert, dass wir Verantwortung für den Lebensgarten Erde übernehmen müssen. Das Lebenshaus bleibt abhängig vom Schöpfer, es ist an ihn (zurück) gebunden.

M 1: Die Karikatur als Blickfang bringt den Raubbau, den die Menschen mit ihrem Planeten betreiben, auf den Punkt. Die eigentlich notwendige Verantwortung gegenüber den nachfolgenden Generationen wird vernachlässigt: Man überreicht ihnen die Erde als großen, verseuchten Spielball.

M 2: Die jüdische Legende erzählt von einem Rabbi (d. h. „mein Herr“; später Titel für Schriftgelehrter), der einen Bauern sieht, welcher einen Baum pflanzt. Auf den Hinweis des Mannes, dass dieser kleine Baum sieben Jahrzehnte („70“ als menschliche Lebensdauer nach Ps 90,10) brauche, bis er (12 cm lange und 3 cm breite, braune) Hülsenfrüchte („Karoben“) trage, nennt ihn der Weise „Tor“. Auf seine Argumentation hin, der Bauer werde also die Früchte seines Handelns nicht selbst ernten, antwortet er dem Rabbi, er sorge für seine „Kinder oder Enkel“.

Die Legende lehrt, dass der Bauer im Sinne der Schöpfung (Gen 1) verantwortungsvoll handelt, wie er es von seinen „Vätern“ erfahren hat. Das Sprichwort „Gefährt(e) oder Tod“ drückt aus: Menschen, die sich in das Lebenshaus der Schöpfung einweisen lassen, entscheiden sich für das Leben. Menschen, die wie „Nutznießer“ mit der Erde umgehen, wählen den Tod.

M 3: Der Text stammt aus der Verfassung der Irokesen, die lange vor dem Kommen des weißen Mannes entstand. Der Text ist ein Appell an das Volk der Irokesen, mit dem „Schoß der Erde“ behutsam umzugehen. Diese „Mahnung“ ist wie eine Vorahnung im Blick auf das die Umwelt zerstörende Geschehen viele hundert Jahre später.

M 4: Der Verfasser des Textes, Jimmie C. Begay, ist ein Navajo. Er hat sich für ein neues indianisches Selbstverständnis eingesetzt, das auch dem Schutz der Schöpfung vor Ausbeutung und Zerstörung gilt. Begay erinnert an den Respekt des Indianers vor der Natur und die Symbiose zwischen Mensch und Erde. Er beklagt die Rücksichtslosigkeit gegenüber den anderen Geschöpfen und den ausgebeuteten Ressourcen; er sieht jedoch auch die Chance, den angerichteten Schaden wieder gutzumachen.

A 24: Verantwortung für die Erde

Wie schon bei A23 angeklungen, soll hier der Aspekt erarbeitet werden, dass der Mensch im „Haus der Welt“ für die Schöpfung Verantwortung zeigen kann und muss.

M 1: Der „Aufhänger(-Text)“ soll auf das Problem der Verantwortung des Menschen für die Schöpfung lenken:
- Warum müssen wir die Schöpfung bewahren?
- Warum sollen wir für die Schöpfung „Mitleid empfinden“ (lat. misereor)?
- Worin zeigt sich, dass die Schöpfung immer mehr leidet?
- Was bedeutet es, für die Schöpfung verantwortlich zu sein?

M 2: Dieser Text zeigt die „Schöpfung“, wie sie ist: „erschöpft“. Dargestellt wird das Problem der erschöpften, leidenden Erde mit graphischen Mitteln, kombiniert mit einem Wort-/Satzspiel: Der Kreis, der in sich selbst zurückführt, ist Symbol des Absoluten und der Vollkommenheit Gottes. Er hat „Himmel und Erde“ (Gen 1,1) aus „dem Nichts“ erschaffen.
Der Abstand zwischen dem Kreis (oben) und dem Pfeil (unten) symbolisiert die Distanz zwischen dem Schöpfer und dem Geschöpf. Der Mensch „schöpft aus dem Vollen“, d. h. er lebt von den Gütern der Erde (Gen 1,29 ff.), für die Gott alle Voraussetzungen geschaffen hat.
Die nach unten gerichtete Textgraphik (Pfeil und 6-mal formulierter Satz „er schöpft“) versinnbildlicht den katastrophalen Zustand der Erde. Im Gegensatz zum Schöpfungsmodell in Dreiecksform (Gen 1), dessen Spitze den Höhepunkt der Schöpfung („Ruhe“ am 7. Tag) verkörpert, begegnet uns hier eine umgekehrte Figur. Sie kündigt das Ende der Schöpfung an. Die Satzstücke „er“ und „schöpft“ rücken immer näher aneinander, bis der Satz „er schöpft“ eine neue (negative) Qualität erhält: Die Erde ist „erschöpft“.

M 3 – M 4: Beide Texte verbindet die Perspektive der Verantwortung des Menschen für die Schöpfung: Das Lebenshaus „Erde“ verpflichtet dazu, es vor der Zerstörung zu schützen. Das „Haus der Welt“ ist nicht unser Eigentum. Es steht uns zur Verfügung, nicht um es „ausgeraubt“ und „verbraucht“, d. h. „erschöpft“ (M 2), zurückzulassen, sondern um es für kommende Generationen zu hüten.

A 25: In Gottes Hand

Während A23 und A24 die Verantwortung des Menschen gegenüber Gottes Schöpfung betonen, weil sie äußerst bedroht ist (vgl. Kap. IV), erfolgt an dieser Stelle eine Äußerung höchsten Vertrauens: Gott hat „Himmel“ und „Erde“ mit „(s)einer Hand“ (Jes 66,1 f.) gemacht. Und er hält seine Hand über die Schöpfung. Mit der Symbolik der Hand soll also gezeigt werden, dass das Schöpfungswerk unter dem Schutz Gottes steht.

M 1: Die Karikatur dient als Einstieg in das Thema. Unterstützt werden kann die Arbeit mit der Karikatur durch den kurzen Text von Rolf Krenzer, der entweder über Folie oder als Tafelanschrieb vorgegeben wird.

Tafeltext:

Gott hat uns seine Welt
aus seiner Hand
in unsere Hand
in Liebe übergeben.

Rolf Krenzer

Was Rolf Krenzer sagt, drückt auch die Karikatur aus: Die Welt(-Kugel) schwebt (dreht sich) zwischen zwei großen Händen. Wir nennen sie die „Hände

Gottes". Die eine Hand liegt schützend über der Welt; ein Finger berührt sie, lenkt sie. Die andere (untere) Hand ist geöffnet und will die Erde halten. In dieser Hand befindet sich eine menschliche Figur, welche die Erde abstützt; sie bedarf aber auch der Hilfe der göttlichen Hand. Letzteres entspricht der symbolischen Rede Rolf Krenzers.

M 2: Die Zitate belegen, dass die „Hand" im AT oft als Bildsymbol auftritt. Die Hand ist ein Symbol des Handelns und des Gebens Gottes. So spricht der Herr selbst zu Jesaja (51,16), dass er ihn im „Schatten (s)einer Hand" verborgen habe, als der Himmel entstand. Gottes Hand ist ein Symbol seiner Herrschaft (Jes Sir 10,4 f.). Sie ist auch ein Bild seiner Güte, weil sie alle Lebewesen sättigt (Ps 145,16). Gottes Hand handelt gerecht; der Mensch kann sich auf sie verlassen (Ps 111,7 a).

M 3: Das Lied ist ein Bekenntnis und bedarf keiner (Text-)Analyse. Wer singt oder spricht: „Er (Gott) hält mein Leben in der Hand" oder „Er lenkt die Erde wunderbar", der bekennt, dass er an Gottes Güte und die Wirksamkeit göttlichen Handelns glaubt. – Liedstrophe 3 fasst alle Aspekte des Themas „In Gottes Hand" (M 1 – M 3) zusammen.

Kapitel IV: Bedrohung und Zerstörung der Schöpfung

Das Lebenshaus „Erde" ist in seiner sozialen und ökologischen Situation bedroht, besser: „erschöpft". Zur Zeit Christi lebten schätzungsweise 250 Millionen Menschen. 1650 war die Erdbevölkerung auf 500 Millionen angewachsen. 1980 gab es bereits 4 Milliarden Menschen, im Jahre 2030 sind es vermutlich 8 Milliarden. Vor der Wende zum Jahr 2000 hungern weltweit ca. 600 Millionen und 3 von 10 Personen haben weder Arbeit noch Einkommen. 13 Millionen Kinder unter 5 Jahren sterben jährlich an grundsätzlich heilbaren Krankheiten oder an Unterernährung.
Nicht weniger dramatisch ist die ökologische Situation unserer Erde. Sie lässt sich durch folgende Begriffe beschreiben: Ozonloch, Klimakatastrophe, wachsender CO_2-Ausstoß; Vergiftung von Wasser und Luft; Giftstoffe im Tierfutter; Fischsterben in Flüssen; Ölpest (Wattenmeer); Waldsterben, Abholzung der Regenwälder; Überdüngung der Felder; Müllhalden, Schutt, Schrott; Flug- und Straßenlärm usw.
Es gilt daran zu erinnern, dass auch die Ressourcen (Nahrungsmittel, Rohstoffe, Wälder, Wasser, Energie) nicht unbegrenzt sind.

In Anbetracht dieser (Umwelt-)Problematik leistet der Religionsunterricht mit dem Thema „Schöpfung" folgenden Beitrag:
- Er verweist auf die Erde als „Schöpfung Gottes" und sensibilisiert dafür, die Erde als „Lebenshaus" zu sehen und zu entdecken.
- Er lenkt auf Probleme, die beispielhaft die Bedrohung und Zerstörung des Planeten veranschaulichen.
- Er will den Lernenden Verantwortung für die Schöpfung bewusst machen und ihnen exemplarisch zeigen, wie zu Hause und/oder in der Schule die Schöpfung vor Belastungen (z. B. durch Reduktion von Müll) bewahrt werden kann.

A 26: „Endstation Müll"

Dieses Arbeitsblatt verfolgt die Ziele:
- mit dem Bildmaterial (M 1/M 2) das Problem „Müll" (Belastung/Vermeidung) bewusst zu machen;
- mit dem Text „Mene-Tekel" (M 3) auf menschlich-gesellschaftliche Gleichgültigkeit gegenüber bedrohter (belasteter) Umwelt einzugehen;
- mit dem Projekt „KMA" (Kunststoff – Metall – Altglas) den Lernenden eine praktische Handlungsanleitung geben.

M 1: Mit Hilfe dieses Cartoons lässt sich mit den Schülern relativ rasch erarbeiten, dass heutzutage das Abfallproblem sich – zumindest in den Industrieländern – zu einer Belastung des Planeten Erde entwickelt hat. Frühere Vorstellungen des Menschen (vgl. Bild 1 + 2) sind mittlerweile obsolet geworden angesichts der heutigen bedrohlichen Situation (vgl. Bild 3), in der die Erde mehr einer Mülltonne gleicht.

M 2: Die Anzeige M 2 führt in ihrer Aussage über M 1 hinaus. Das Frage-Antwort-Spiel der Anzeige macht deutlich, dass das Müllproblem kein Phänomen ist, das einfach mal wieder verschwindet, sondern das der ernsthaften Beschäftigung bedarf.

M 3: Nachdem mit M 1 + M 2 das Thema „Müll" den Schülern bewusst gemacht wurde, wird mit M 3 ein Text vorgelegt, mit dessen Hilfe sich die Ursachen des Problems erarbeiten lassen. Die Textüberschrift „Mene-Tekel" dürfte die Lernenden stutzig machen:
- Was bedeutet dieses geheimnisvolle Wort?
- Wie wird die Schöpfung dargestellt?
- Was wird über manche Christen gesagt?

Der Ausdruck „Mene-Tekel" ist eine geheimnisvoll vorgetragene Aussage. Es ist ein Warnzeichen, das auf eine drohende Gefahr (verschlüsselt) aufmerksam macht. Im AT sind „Mene-Tekel" (aramäisch) die Anfangsworte einer Geisterschrift, die beim Gastmahl des babylonischen Königs Belsazar an der Wand erscheint und den Sturz des Herrschers andeutete. Der Ausdruck „Mene-Tekel" erinnert an das Sprichwort: „Gewogen und für zu leicht befunden." So gesehen, dürfte H. J. Coenens Lied (auch) als eine Warnung davor erscheinen, den Planeten Erde weiter durch Müll, Gift und z. B. Abgase zu belasten. Das Lied warnt uns vor Profitgier und maßlosem Konsum, Gebrauch und Verbrauch der Güter dieser Erde.

M 4: Da Müll(-Beseitigung) zu unserem Alltag gehört, liegt es nahe, dieses Umweltproblem einmal praktisch zu erleben. Damit wird auf didaktischer Ebene eine Verbindung zwischen Wissen und Erfahrung hergestellt.

Mit dem Auszug aus dem „Abfall-Info" der Stadt Neuss (Rhein), welcher der „Gelben Tonne" gilt, sollen die Lernenden erfahren, wie auf institutioneller Ebene mit „Müll" umgegangen wird:
- Welche Werkstoffe gehören in die Gelbe Tonne? Welches Material nicht?
- Wie sollen die Stoffe eingefüllt und gelagert werden?
- Wie werden sie beseitigt (z. B. wieder verwertet)?

Mit Hilfe der Tabelle M 4 unten sollen die Schülerinnen und Schüler eine Woche lang festhalten, was in ihrer Familie an Hausmüll (d. h. Kunststoff, Metall, Altglas) anfällt. Nach der Aktion werden die Protokolle (ohne persönliche Daten) eingesammelt und an der Tafel gemeinsam ausgewertet wie z. B.: Bei 25 Familien fielen in 7 Tagen 350 Joghurtbecher und 210 leere Flaschen an. Diese Müllproduktion kann (statistisch) auf die Schule oder die Stadt (mit z. B. 20 000 Einwohnern) hochgerechnet werden. Zur Auswertung des Projekts gehört, dass die Lernenden ihre Erfahrungen (mit einer nur geringen Menge Müll!) mitteilen und fragen: Was habe ich gelernt? Was kann ich, was kann die Familie, was die Schule tun, um Abfall zu reduzieren?

A 27: Vom Sterben der Bäume

Das Arbeitsblatt greift das Problem des Waldsterbens auf, das sich rasant ausgebreitet und viele (über-) regionale Ursachen hat wie z. B.: ungünstige Zusammensetzung der Wälder (Fichten-/Monokultur) und falsche Waldnutzung, Kahlschlag und Abholzung weiter Flächen (Bodenerosion); Waldverluste durch Straßenbau; industrielle Luftverschmutzung (Schwefeldioxid, Fluorgase) sowie Befall geschwächter Bäume durch Schadinsekten und Pilze. Vor diesem Hintergrund empfiehlt es sich, sowohl naturwissenschaftliche Aspekte und sachliche Fakten (z. B. M 2) des Waldsterbens anzusprechen als auch auf die Symbolik des Waldes (besser: Baumes) einzugehen (M 3 – M 5).

M 1 – M 2: Das Filmplakat klagt an; es visualisiert und symbolisiert das Opfer „Wald". Es ruft jedoch auch zu verantwortungsvollem Handeln auf. Anders das Schaubild: Es informiert über „Deutschlands kranke Wälder" und veranschaulicht die Situation des Waldes in den einzelnen Bundesländern. Die Angaben (z. B. 50, 35, 33 ...) beziehen sich jeweils auf 100 erkrankte Bäume.

M 3 – M 5: Diese Kurztexte sind Klageschriften. Ihr Hauptmotiv ist die Klage über den leidenden, kranken und sterbenden Wald. Dies symbolisieren Ausdrücke und Bilder wie „tote Arme", „Erde eines Traums" und „gestützte Eiche". D. h. selbst die Eiche als Sinnbild für Kraft und Beharrlichkeit ist dem Tod geweiht. Mit der „Weissagung" (M 5) wechselt die Qualität der Klage. Jetzt wird die Profitsucht der Weißen, der „Holzhunger" der Industrieländer, angeklagt. Es wird prophezeit, dass die Erde ohne den Wald nicht leben kann.

A 28: Leid der Kreatur

Das Bild- und Textmaterial (M 1 – M 3) wendet sich dem Leid der Tiere zu, die wie die Menschen „Geschöpfe Gottes" sind (Gen 1,20 – 25). Gott hat die Erschaffung der Tiere für „gut" befunden; er hat sie gesegnet (V. 22). Tiere sind in soziale, wirtschaftliche und religiöse Bezüge einer Gesellschaft eingebettet. Sie verdienen menschlichen Respekt und Schutz (M 4). Die Tierwelt ist bedroht: Die Lebensräume der Tiere werden verkleinert, durch diverse Schädlingsbekämpfungsmittel oder Katastrophen (Unfälle mit Öltankern) vernichtet. Das Aussterben vieler Tierarten setzt sich fort (vgl. Kommentar zu A 30).

M 1: Die Beschreibung und Deutung der Zeichnung R. P. Litzenburgers lässt folgende Fragen zu:
- Welche Kreatur(en) hat der Künstler in den (Bild-)Mittelpunkt gestellt?
- Wie wird der große Fisch dargestellt?
  - Warum steht er aufrecht?
  - Wen symbolisiert, an wen erinnert er?
- Wie wird der kleine Fisch dargestellt?
  - Warum liegt er auf dem Boden?
  - Weshalb sind andere Lebewesen bei ihm?
  - Wen versinnbildlichen sie?
- Warum erinnert die Zeichnung an das „Leiden und Sterben" Jesu?
- Was will der Künstler uns mitteilen?

Das Bild ist eine einzigartige Darstellung des Leids nichtmenschlicher Kreatur. Der Künstler wählt den Fisch als Beispiel des vielfältigen Leids der Tiere. Um dies besonders herauszustellen, entwirft er eine Zeichnung mit einer ungewöhnlichen Assoziation: Der Fisch, mit menschlichen Gliedmaßen ausgestattet, hängt am Kreuz und ruft: „Mich dürstet nach reinem Wasser!“ Das heißt: „Ich will leben: Gebt mir mein Lebenselement zurück. Ihr habt es verseucht.“ Der Ruf der Kreatur nach Wasser erinnert an die Worte Jesu am Kreuz: „Mein Gott, mein Gott, warum hast du mich verlassen?“ (Mk 15,34 ff.). Die Stimmung des Bildes („Schwarz-Weiß“ gestaltet) lässt sich mit dem biblischen Wort verknüpfen: „Über das ganze Land (brach) eine Finsternis herein“ (V. 33). – Die große (senkrechte) Fischgestalt bildet mit dem kleinen (waagerechten) Fisch eine Verbindung, die an die Kreuzigungsszene („Golgatha“) erinnert:
Wie Gottes Sohn am Kreuz stirbt, so stirbt hier die Kreatur. Die große Fischgestalt symbolisiert stellvertretend das Leid aller nichtmenschlicher Geschöpfe. Sie klagt uns Menschen an. Sie schreit nach „Erlösung“.

M 2: Der Text wird „Nachricht“ genannt und zwingt deshalb zu folgenden Fragen:
- Was ist eine Nachricht?
- Wie ist sie strukturiert?
- Was ist das Besondere dieser Nachricht?
- Welchen Bezug besitzt die „Nachricht“ zu M 1?

Eine Nachricht ist die Mitteilung von Informationen, die überprüfbar sind. Oder: Eine Nachricht ist die Übermittlung einer aktuellen Begebenheit, die nachstehende Fragestruktur zulässt.

Tafelbild:

Frage	Antwort
Wo?	Frankfurt am Main
Wann?	keine Antwort
Wer?	10 000 Fische
Was?	erstickten im Main; erschreckten Bürger; verbreiten Geruch, der aber verweht
Wie?	durch Öl im Fluss

Das Gespräch dürfte zeigen, dass der Text keine übliche, sondern eine literarisch gestaltete Nachricht ist. Sie enthält Elemente einer Information, die hier jedoch in keinen „sachlichen Ablauf“ der Begebenheit („Fischsterben“) zu bringen sind. – Die „Nachricht“ Kaspers ist nicht objektiv; sie wertet. Sie ironisiert („Alles ist ... geordnet“) und klagt an. Wie das Bild (M 1), so verfolgt auch der Text die Absicht, auf die gequälte Kreatur (Tierwelt) aufmerksam zu machen.

M 3: Der Text erinnert in bewusst schlichter Form an die Verantwortung des Menschen den Tieren als Teil der Schöpfung gegenüber. Das „Abendgebet“ ist der leidenden Kreatur in den Mund gelegt, weil sie selbst nicht sprechen kann. K. Recheis ergreift für die Tiere Partei. Sie hat ein „Herz für Tiere“ (vgl. M 4). Sie antizipiert gleichsam Gedanken und Gefühle der Tiere. Das Gebet beklagt einmal das Verhalten des Menschen gegenüber dem „vernunftlosen Vieh“, zum anderen enthält es eine Bitte, die beschämen muss: Gott soll den Menschen „neu erschaffen“, damit dieser die Qualität seiner Gottähnlichkeit begreift und nicht missbraucht.

M 4: Das Interview will die Lernenden für eine Aktion („Tierengel“) interessieren, die beispielhaft den Einsatz für Tiere demonstriert. Gleichzeitig lenkt dieses „gefährliche Hobby“ auf eine christliche Ethik, die das Tier nicht nur als Objekt zur Verwertung ansieht, sondern im Tier einen Wert erkennt, der über das bloß Nützliche herausgeht. Diese Ethik fordert den Menschen auf, den Eigenwert seiner Mitgeschöpfe (Tiere) zu achten und sein herrschaftliches Gehabe aufzugeben.
Der Artikel „Ein Herz für Rinder ...“ verfolgt auch eine praktische Absicht: ein Projekt zu planen wie z. B. den „Besuch in einem Tierheim“ oder die Zusammenstellung von Zeitungs-/Zeitschriftenartikeln, die über Tiertransporte (Tierquälerei etc.) berichten (vgl. Kommentar zu A 29/M 3).

A 29: Gefährdung der Schöpfung

Während A 26 – A 28 die Gefährdung der Schöpfung an markanten Einzelbeispielen veranschaulichen, wird in diesem Arbeitsblatt die Gefährdung der Schöpfung umfassend dargestellt und um einen wesentlichen Aspekt erweitert: Es sind im Wesentlichen die Industrieländer, die verantwortlich sind für die Belastung der Erde.

M 1: Die Karikatur will den Lernenden verdeutlichen, dass wir Menschen (wohlhabende Europäer) uns auf dem Planeten der Erde „gut und bequem, aber kostspielig“ eingerichtet haben: Wir sind umgeben von Geräten (z. B. Kühlschränken, Waschmaschinen), die viel Energie verbrauchen; teuren Einrichtungen für Fitness, Feeling und Hygiene

(Bad, Sauna, Trimmgeräte); Unterhaltungselektronik (Radio, Fernseher, Rekorder); Kommunikationstechnik (Telefon, Fax, Handy); multimedialen (Computer-)Systemen wie Internet u. a. Der Karikaturist will uns daran erinnern, dass diese Geräte und Einrichtungen unser Leben nicht nur erleichtern, sondern auch Probleme der Entsorgung und Energie (-Vergeudung) bereiten. Durch Übertreibung und Entfremdung menschlich-gesellschaftlicher Wirklichkeit will der Künstler uns dies bewusst machen.

M 2: Diese Tabelle ist das Kernstück der Studie „Zukunftsfähiges Deutschland", gemeinsam in Auftrag gegeben von BUND und MISEREOR und erarbeitet vom Wuppertaler Institut für Klima, Umwelt und Energie. Diese Studie (1996 veröffentlicht) machte Schlagzeilen; sie gibt Denkanstöße und fordert heute noch zu Reaktionen heraus. Für das Thema „Gefährdung der Schöpfung" liefert die Studie anschauliches Material und brauchbare Daten (vgl. M 2). Die Auswertung der Tabelle konzentriert sich auf folgende Punkte:
- die Erklärung der einzelnen Angaben in den ‚Balken' wie z. B.: 1000 in Deutschland lebende Kraftfahrer belasten die Umwelt mit 443 PKWs;
- der entsprechende Vergleich mit einem der angegebenen Entwicklungsländer wie z. B.: Während 1000 Menschen in Deutschland die Umwelt mit 13 700 Tonnen Treibhausgas belasten, sind es in Ägypten nur 1300 t;
- die Interpretation der Angaben (Umweltbelastung) im Kontext des Themas, dass Gottes Schöpfung gefährdet ist; letzteres wird mit M 3 verknüpft.

M 3: Jörg Zinks Rede (Reflexion) über den „Umgang mit der Schöpfung" stellt kritisch heraus, wie „unerhört gefährdet die Lebensräume von Menschen, Tier und Pflanze auf diesem Planeten (somit auch Lebenszonen in Europa und Deutschland) sind". Die düstere Prognose des Autors lautet, dass die Welt veröde und mit ihr der Mensch sterbe; der wachsende Wohlstand könne diese Entwicklung nicht aufhalten. Das harte Wort Jörg Zinks provoziert zum Nachdenken über einen eigenen Beitrag zur Reduktion der Umweltbelastung. Vielleicht empfiehlt es sich einmal über eine „Zukunftswerkstatt" (Schulprojekt) im Religionsunterricht nachzudenken. Dieses Projekt (angeregt im Lehrerforum MISEREOR, Nr. 23, Mai 1996, S. 11) verfolgt das Ziel, zum Thema „Unsere Zukunft" Handlungspläne zu entwickeln, die sich z. B. gegen die „Ignoranz gegenüber Natur/Umwelt" praktisch richten. Das genannte Projekt besteht aus drei Phasen:

<u>Kritikphase</u>
- Sammeln von Kritik
- Systematisieren und Bewerten
- Bilden von Schwerpunkten der Kritik

<u>Phantasiephase</u>
- Kritikpunkte positiv umformulieren
- Vorschläge zur Problemlösung entwickeln
- Systematisieren und Bewerten
- Erarbeiten und Konkretisieren eines utopischen Entwurfs

<u>Verwirklichungsphase</u>
- Prüfen der utopischen Entwürfe
- Entwickeln von Durchsetzungsstrategien
- Planen eines Projektes oder einer Aktion

A 30: Die Wüste wächst

Die Abbildung (Bildimpuls) dürfte folgende Fragen auslösen:
- Woran erinnert euch dieses Bild?
- Woran denkt ihr bei diesem Wirrwarr verschlungener Wege?
- In welcher Situation ist die einsame Kreatur, das Pferd?
- Was bedeutet die Überschrift?
  Was heißt: „Die Wüste wächst"?
- Welche symbolische Bedeutung hat hier das Wort „Wüste"?

Nahe liegt, dass die Schülerinnen und Schüler zunächst an die Autobahn-Kreuze, z. B. das schon in den 50-er Jahren erbaute „Frankfurter Kreuz", denken, von dem man sagte, es habe das Zeitalter verkehrsbedingter Umweltzerstörung eingeleitet. Die Abbildung erinnert nicht nur an große Verkehrssysteme, sondern veranschaulicht und versinnbildlicht, dass die Lebensräume für die Geschöpfe Gottes, Mensch und Tier, enger geworden sind. Die „bebaute Fläche", Siedlungs- und Verkehrsfläche, nimmt von Tag zu Tag zu. Die „Natur" befindet sich auf dem „Rückzug". Das „Artensterben" hält an; geschätzt wurde, dass jährlich 27 000 Arten oder ca. 70 am Tag aussterben. Daran wird sichtbar, dass die „ungezügelte industrielle Entwicklung und die Anwendung von Technologien (das) naturgebundene Gleichgewicht stören (und) der Umwelt schwere Schäden zugefügt haben" (Johannes Paul II, Fastenpredigt 1993).
Die Aussage (Überschrift), dass die „Wüste wächst", ist beunruhigend. Denn sie wächst nicht nur als Landschaft in Afrika, sondern als eine Wüste, die mit Asphalt und Beton die Erde bedeckt. Damit symbolisiert der Ausdruck „Wüste" einen Ort, an dem Leben fehlt. Die Wüste wird hier zum Sinnbild

der Verlassenheit der Geschöpfe Gottes im Lebenshaus der Erde.

A 31: Zerstörung der Schöpfung

Wie die Arbeitsblätter A 26 – A 30 thematisiert auch A 31 die Gefährdung der Schöpfung durch den Menschen – diesmal durch die Atombombe.
Das Arbeitsblatt will mit einer graphischen Darstellung (M 1) nukleare „Sprengkraft“ veranschaulichen, insbesondere aber die Schüler mit der Erzählung „Hiroshima“ betroffen machen; es will auch mit der Tatsache konfrontieren, dass der Mensch ein Stück „Schöpfung“ zerstören kann.

M 1: Mit der Graphik soll versucht werden, über die unvorstellbar große „Sprengkraft“ nuklearen (Waffen-)Arsenals zu sprechen. Die Angabe „3 Megatonnen TNT“ bedeutet: 3000 kg x 1 000 000 (10^6) = 3 Milliarden kg Sprengstoff (Trinitrotoluol). „16 000 Megatonnen“ sind: 16 000 000 x 1 000 000 = 16 000 000 000 000 kg Sprengstoff. Es empfiehlt sich einige dieser Angaben (Information) an der Tafel darzustellen; die Schülerinnen und Schüler werden darüber staunen.

M 2: Die Erzählung des Mädchens Hirata spiegelt ein historisches Ereignis wider. In den letzten Tagen des Zweiten Weltkriegs, am 6. August 1945, wurde die japanische Hafenstadt Hiroshima durch den Abwurf der ersten Atombombe fast völlig zerstört. Mehr als 260 000 Menschen wurden getötet. Wichtig erscheint, dass die Schülerinnen und Schüler die Erzählung des Kindes rekonstruieren, auf Einzelheiten des Geschehens eingehen und ihre Betroffenheit äußern. Auch zum Schlussabschnitt muss Stellung bezogen werden; er gehört nicht mehr zur eigentlichen Erzählung, sondern ist der Appell eines Kindes, Krieg zu verabscheuen.

A 32: Die letzten Tage der Schöpfung

Nach Begegnung mit dem Text, der spontanen Stellungnahme dazu, wird ein Textvergleich erarbeitet und kommentiert: Warum ‚per-vertiert‘ (verdreht, verfälscht) Jörg Zink den Schöpfungsbericht Gen 1? Wie schon bei A29 / M3 deutlich geworden, entwirft Jörg Zink eine düstere Zukunftsschau unseres Planeten. Der Autor stellt sich seit langem dem Thema „Zerstörung der Erde“. Er sieht die Schöpfung Gottes „äußerst bedroht“.
Um auf dieses Problem zu lenken und wach zu rütteln, wird ein auf den Kopf gestellter und verfremdeter Schöpfungsbericht vorgelegt. Schon die Überschrift „Die letzten Tage …“ provoziert den Leser. Es ist ein in die Moderne übertragener Bericht, der nichts Gutes verheißt: Schon in den ersten Zeilen sagt der Mensch sich radikal von Gott los und beginnt sein Werk. Aber während Gott in seinem „7-Tagewerk“ die Schöpfung aufgebaut hat, gelingt dem Menschen in seinem „7-Tagewerk“ nur ein Zerstörungsprogramm. Alle Schöpfungswerke Gottes gehen zugrunde, und am Ende bleibt die Erde „wüst und leer“. In einer Art Kreislauf ist der Punkt wieder erreicht, von dem aus Gott sein Werk begonnen hatte.

Tafelbild:

	Schöpfung	
Bericht 1		Bericht 2
Priesterschrift (P)		Jörg Zink
Ruhe / Vollendung ←	7. Tag	→ Ruhe / Erde ist wüst und leer
Landtiere und Menschen ←	6. Tag	→ Licht geht aus
Fische und Vögel ←	5. Tag	→ Erde brennt
Sonne, Mond und Sterne ←	4. Tag	→ Menschen gehen zugrunde
Pflanzen ←	3. Tag	→ Pflanzen verdorren
Himmel ←	2. Tag	→ Tiere sterben
Licht ←	1. Tag	→ Mensch nicht mehr Gottes Ebenbild
Gott schuf Himmel und Erde ←	Vorrede	→ Mensch bestimmt die Zukunft

A 33: Die Schöpfung setzt sich durch

Im Gegensatz zur Vision einer zerstörten Schöpfung (A 31 + A 32) wird hier eine andere Perspektive eröffnet. Die Natur ist letztlich stärker als der Mensch.

M 1: Das Gedicht thematisiert das Verhältnis Natur – Mensch. Auch angesichts von Krieg („Lärm der Schlacht") und Tod („Manch armer Leib verwest") bleibt die Natur gelassen. Weiß sie doch, dass sie ewig und der Mensch nur Teil dieser Natur ist und zudem endlich, d. h. sterblich. Irgendwann wird der Mensch sterben und damit wieder Teil der Natur werden.

M 2: An den Zeitungsartikel lassen sich folgende Fragen richten:
- Wie wird die „versunkene" Stadt London beschrieben?
- Welche menschlichen Spuren verschwinden?
- Wie entwickelt sich die Pflanzenwelt?
- Warum wird der Artikel eine „Vision der Forschung" genannt?
- Wodurch unterscheidet sich M 2 von M 1?

Aufgezeigt wird, wie menschliche Zivilisation und Kultur vergehen, die Pflanzen- und Tierwelt sich durchsetzt. Biologen, Ökologen, Futorologen u. a. entwickeln beispielhaft eine Vision, d. h. Antizipation der Situation: „Wenn der Mensch geht, kommt die Natur." Es entsteht eine blühende, alle menschlich-gesellschaftlichen Relikte überwuchernde Landschaft.
Sie wird zum Modell der Schöpfung Gottes ohne menschliche Präsenz. Diese Landschaft erinnert an den „Garten Eden", wie ihn Gen 2,8 – 14 beschreibt, bevor Gott den Menschen in ihn setzt.

Kapitel V: Weltbilder und Evolution

Bisher stand der „Schöpfungsglaube" (Darstellung, Lob und Gefährdung der Schöpfung) im Mittelpunkt. Mit den Arbeitsblättern A 34 – A 43 rückt die Naturwissenschaft mit ihrer Antwort auf die Frage nach der Entstehung und Entwicklung der Welt und des Lebens ins Blickfeld. In der Neuzeit fand das Spannungsverhältnis zwischen naturwissenschaftlichen Erkenntnissen und biblisch-schöpfungstheologischen Aussagen viel Beachtung. In jüngerer Zeit ist das Verhältnis zwischen Naturwissenschaft und Glaube allerdings neu definiert worden: „Glaube und Wissen" (vgl. A 37) sind zwei verschiedene, aber sich ergänzende Perspektiven. Die folgenden Arbeitsblätter konzentrieren sich auf drei Aspekte des Themas:
- „Weltbilder" (A 34 – A 36)
- „Glaube und Wissen" (A 37)
- „Evolution" (A 38 – A 42)

A 34: Geozentrisches Weltbild

„Weltbilder" sind (Denk-)Modelle, die mythisch-religiöse, biblisch-theologische Vorstellungen oder geophysikalische Erkenntnisse (z. B. als Kugel) verkleinert abbilden. Sie beschreiben die Welt aus einer bestimmten Perspektive – und erlauben Fragen: Wie ist die Welt entstanden? Wie sieht sie aus? Hat die Welt eine Ursache? Ist das Universum (un-)endlich? Woher kommt der Mensch, wohin geht er?

M 1: Wie bei A 9 wird hier das so genannte „altorientalische Weltbild" eingesetzt, um an die Weltvorstellungen im Alten Orient zu erinnern. Dabei schadet es nicht, die Schülerinnen und Schüler auf Schwächen dieses Modells hinzuweisen: Es fehlt die Darstellung einer Schöpfergottheit und die Erde als runde Scheibe entspricht nicht dem Weltverständnis Israels.

M 2: Nach Aristoteles (384 – 322) befindet sich die Erde inmitten der Welt als ruhender Pol. Sie wird von Sphären („Wirkungskreisen") wie z. B. den Fixsternen umgeben. Sie sind das „ewig Bewegte"; Gott ist die Ursache. Er lenkt auch das Planetensystem. Ptolemäus fügt der Aristotelischen Weltvorstellung eigene Beobachtungen und Ergänzungen hinzu. Er entwickelt ein ausführliches System der fünf bekannten Planeten. M 2 zeigt das Systema Ptolemaicum: Die Erde ist im Zentrum; sie wird von Mond, Planeten und Fixsternsphäre umkreist. Die Zeichnung (rechts) ist modern und dient dem besseren Verständnis der Systema Ptolemaicum. Die so genannten „Tierkreis-Sternbilder", die symbolische Relevanz besitzen und jeweils auf ein bestimmtes (Lebens-)Element bezogen sind, lassen sich wie folgt identifizieren:

Die 12 Tierkreiszeichen

	Nr. Zeichen – Element
♓	1. Fisch – Wasser
♋	2. Krebs – Wasser
♍	3. Jungfrau – Erde
♌	4. Löwe – Feuer
♐	5. Schütze – Feuer

♑ 6. Steinbock – Erde

♏ 7. Skorpion – Wasser

♊ 8. Zwillinge – Luft

♒ 9. Wassermann – Luft

♉ 10. Stier – Erde

♈ 11. Widder – Feuer

♎ 12. Waage – Luft

aus: H. Stephan, Zeichen und Symbole – Sprache des Glaubens, Klett Verlag Stuttgart 1997, S. 60

A 35: Heliozentrisches Weltbild

Hundert Jahre später wurde das geozentrische ptolemäische Weltbild (A 34) durch Nikolaus Kopernikus in Frage gestellt. Seine Thesen lauteten verkürzt:

- Nicht alle Himmelskörper bewegen sich um das gleiche Zentrum.
- Die Erde ist nicht Mitte der Welt, sondern der Mondumlaufbahn.
- Zentrum des Planetensystems ist die Sonne.
- Die Umdrehung des Firmaments beruht auf der Drehung der Erde um die eigene Achse.
- Die Erde bewegt sich auf einer elliptischen Bahn um die Sonne.

Diese Hypothesen wurden durch die Entdeckung der Planetenbewegung durch Johannes Kepler (1571 – 1630) und durch Beobachtungen Galileo Galileis (1564 – 1642) sowie Newtons (1643 – 1727) gestützt. Das so genannte „heliozentrische Weltbild" (griech.: helios = Sonne) wurde heftig angefochten (vgl. dazu A 36).

M 1: Die Abbildung soll als Bildimpuls den Schülerinnen und Schülern das christlich-mittelalterliche, d. h. ptolemäische Weltbild veranschaulichen. Es soll auch bewusst machen, dass „Weltbilder" Versuche des Menschen sind, seine erfahrene Welt darzustellen.
Die Beschreibung des Holzschnittes konzentriert sich auf folgende Bildelemente: die bewohnte Erde mit dem im Vordergrund stehenden Baum, den über die Erde gewölbten Himmel mit Sternen und Sonne sowie den Menschen, der den Kopf in den Weltenraum streckt, als wolle er ihn erforschen, aber erschrickt. Der Baum dürfte an die Vorstellung vom „Weltenbaum" erinnern, der als Träger der Welt oder der Weltachse auftritt und die Verbindung zum Himmel (Tierkreis) symbolisiert. Der ins Weltall blickende Mensch versinnbildlicht den Aufbruch und Mut des mittelalterlichen Menschen, nicht nur das ptolemäische (alte) Weltmodell aufzugeben, sondern auch seine Suche nach einem neuen Selbstverständnis. Letzteres wird in der Information angesprochen und muss konkretisiert werden.

M 2: Wichtig erscheint, das „Systema Copernicanum" genau zu beschreiben: Die Sonne befindet sich im Zentrum und um sie kreisen Merkur, Venus, Erde (mit Mond), Mars, Jupiter und Saturn. Die Symbole verweisen auf „männliche" (‚Sonne', Mars, Jupiter, Uranus) und „weibliche" Planeten (Merkur, Venus, Saturn, Neptun).
Es empfiehlt sich, die Information um folgende Einzelheiten zu ergänzen: Kopernikus hielt sich mit seiner astronomischen Forschung zurück; er besaß geringes Einkommen. Bei seinen Beobachtungen stützte er sich auf Berechnungen früherer Astronomen. Dies war bei Galilei (vgl. A 36) ganz anders. Seine Erfolge beruhten auf methodischer Naturbeobachtung.

A 36: Der „Fall Galilei"

M 1: Aus der biographischen Skizze werden folgende Hinweise aufgegriffen und vertieft:

- Der Mathematiker Galileo Galilei beruft sich auf Kepler und vertritt das heliozentrische Weltmodell.
- Er gerät mit der römischen Glaubensbehörde in Konflikt. 1616 entscheidet sich die Kirche gegen die kopernikalische Theorie und exkommuniziert Galilei.

M 2: Welche Einwände die kirchliche Glaubensbehörde erhebt, zeigen die vorliegenden Zitate aus Bertolt Brechts Stück „Leben des Galilei". Die Szene spielt im Saal des „Collegium Romanum" in Rom. Es ist Nacht und es herrscht große Ausgelassenheit. Sprecher sind ein „sehr alte(r) Kardinal" (Zitat 1/2) und ein „sehr dünne(r) Mönch" (Zitat 3). Ihre Argumente lauten zusammengefasst:

- Galilei missachtet, dass der Mensch „Krone der Schöpfung" , d. h. Mittelpunkt der Welt ist. Er degradiert damit den Menschen.
- Galilei bestreitet, dass die Erde Mittelpunkt des Weltalls ist; somit wertet er sie als Schöpfungswerk Gottes ab.
- Galilei verwischt die Grenze zwischen Himmel und Erde, den Unterschied zwischen Schöpfer und Geschöpf.

M 3: Drei Jahre nach Keplers Tod (1630) wird Galilei der Prozess gemacht, der mit der Unterzeichnung der so genannten „Abschwörungsurkunde" am 22. Juni 1633 endet. Darin schwört Galilei, dass er „der Ketzerei in hohem Maße verdächtig" sei und dass er die „falsche Meinung" vertreten habe, die Sonne sei Mittelpunkt der Welt. Die Legende erzählt, Galilei habe am Schluss gemurmelt: „Und sie bewegt sich doch."

Feststellen lässt sich, dass der Prozess gegen Galilei der katholischen Kirche sehr geschadet hat. Er führte zur Trennung der Naturwissenschaften von der Kirche und leitete den (scheinbar) unlösbaren Konflikt zwischen „Glaube und Wissen" (vgl. A 37) ein.

A 37: Glaube und Wissen

Das Thema „Glaube und Wissen" dürfte bei den Schülerinnen und Schülern auf Interesse stoßen. Es ist mit Vorurteilen behaftet und schwierig zu entfalten. Das Spannungsverhältnis „Wissen contra Glaube" kann durch Gegenüberstellung der beiden „Weltbilder" (M 1 – M 2) diskutiert werden. Wichtig erscheint, dass der hier erarbeitete Vergleich (s. Tafelbild unten) durch M 4 vertieft und so resümiert wird: „Realität" kann man unter verschiedenen Aspekten betrachten. (Ein-)Sicht und Ergebnis sind jedes Mal anders.

M 3: Das Gedicht von Bertolt Brecht „Der Schneider von Ulm" führt in provokanter Weise das Problem „Glaube und Wissen" vor Augen. An den Text lassen sich folgende Fragen stellen:

- Wer von beiden, Bischof oder Schneider, hat Recht?
- Wer hat Recht bekommen?
- Was will uns Bert Brecht mit dem Gedicht sagen?

„Glaube" wird hier durch zwei Symbolfiguren transparent: Der Bischof (kirchliche Amtsautorität) vertritt „Glaube" als eine (starre, ideologische) Größe, die wissenschaftlichen Fortschritt (hier „Fliegen") nicht akzeptiert; denn der Bischof verwechselt „Glaube und Wissen". Er behält nur jetzt (Ulm 1592) Recht. Seine Aussage, es werde „nie ein Mensch fliegen", ist falsch. „Fliegen" ist heute etwas Normales.
Der Schneider ist gleichsam die Symbolfigur naiven Glaubens. Sein Projekt („ich kann fliegen") scheitert, weil er die Dimension des Wissens (Wissenschaft und Technik) mit der des Glaubens (damals) verwechselt. Erst durch die Trennung beider Perspektiven und Handlungsweisen wird (später) „Fliegen" möglich.
Mit dem Gedicht will uns Bert Brecht sagen, dass der Glaube nicht der alleinige Schlüssel zur Wahrheit ist. Glaube darf nicht der Wissenschaft (und umgekehrt) widersprechen.

M 1 – M 2 Tafelbild:

ägyptisch – mythisches ←	Weltbild (Abbildung)	→ naturwissenschaftliches
(1) Es will erzählen.		(1) Es beschreibt, veranschaulicht.
(2) Es besteht aus bildhaft-symbolischen Elementen.		(2) Es besteht aus geometrischen Elementen mit Informationen.
(3) Es erzählt von der Göttin Nut (Leib mit Sternen) und ihren Himmelsfrauen (vgl. A 1 / M 2).		(3) Es interessiert sich nicht für Gott. Es bietet „Wissen" (Daten, Berechnungen) an.
(4) Es fordert zur Stellungnahme (Engagement) auf, d. h. zur Subjektivität.		(4) Es verlangt distanzierende Beschreibung, d. h. Objektivität.
(5) Es spricht die „Sprache des Glaubens".		(5) Es spricht die „Sprache der Wissenschaft".
→	Realität „Welt"	←

M 4: Mit den Textstücken aus den Katechismen (Lehrbücher für Glaubensfragen) lassen sich nachstehende Aussagen erarbeiten und mit anderen (M 1 – M 3) zusammenfassen:
- „Glaube und Wissen" sind keine Gegensätze.
- „Glaube und Wissen" bilden ein Verhältnis, das Konflikte verursacht.
- „Glaube und Wissen" haben es mit derselben Realität zu tun. Das Interesse beider an der Wirklichkeit ist aber unterschiedlich.
- „Glaube und Wissen" sind in „Scheinprobleme" verwickelt, weil nicht erkannt wird, dass es nur eine Wahrheit gibt.

A 38: Evolution

Nach dem Konflikt mit Galilei (1616), d. h. der Auseinandersetzung mit dem heliozentrischen Weltmodell, geriet die katholische Kirche im 19. Jh. noch einmal in einen außergewöhnlichen Disput mit den Naturwissenschaften: Die Theorie(n) Charles Darwins stießen bei der Kirche auf Widerspruch. Sein Buch „Die Entstehung der Arten durch natürliche Zuchtwahl" (1859) stellte sowohl das bisherige wissenschaftliche als auch christlich-gläubige Weltverständnis in Frage. Biblischer Schöpfungsglaube und Evolutionstheorie gerieten in ein Spannungsverhältnis. Aus heutiger Sicht wissen wir: „Wissen(schaft) und Glaube" (vgl. A 37/M 4) widersprechen sich nicht. Denn es gibt nur eine Wahrheit.

M 1 – M 2: Mit diesen Materialien lässt sich das Thema „Evolution" (oder: „der Evolutionsgedanke") eröffnen und entfalten: Schon Carl von Linné (1707 – 1778) betonte: „Es gibt so viele Arten, wie das Unendliche Wesen (Gott) am Anfang der Welt erschaffen hat." Erasmus Darwin (Großvater Charles Darwins) verwies darauf, dass die Tiere „Metamorphosen" (Gestaltveränderungen) z. B. durch Klima und Züchtung unterliegen. J. B. de Lamarck (1744 – 1829) beschäftigte sich besonders mit den Ursachen der Mannigfaltigkeit der Arten, die er in der Umwelt vermutete. – Mit M 3 wird der Evolutionsgedanke weiter entfaltet.

M 3: Für den britischen Naturforscher Charles Darwin (1809 – 1882) bildet die Lehre von der Höherentwicklung des Lebens aus primitiven Anfängen bis hin zum Menschen: die Grundlage der Evolutionstheorie. „Evolution" beruht darauf, dass „Mutationen" (sprunghafte, plötzliche, zufällige Veränderungen) und „Selektion" (umweltbedingte Auslese) zusammentreffen. Alle Lebewesen haben sich aus Urformen (A 40 – A 41) bis hin zum Menschen (A 42) entwickelt. Damit wurde die biblisch begründete These, dass seit Urzeiten die Vielfalt aller Lebewesen unverändert geblieben sei, bezweifelt.

M 4: Der gegen Darwin gerichtete (vor allem kirchliche) Angriff gipfelte im Vorwurf, er habe den Menschen zum beliebigen ‚Naturprodukt' degradiert. Dies war von Darwin nicht beabsichtigt worden. Dass „Glaube und Wissen (Evolution)" zusammenzudenken sind, ist P. Teilhard de Chardin (1881–1955) zu verdanken: In der Geschichte des Weltalls (der Erde und des Menschen) gibt es eine permanente Höherentwicklung. Dies bringt Chardin mit Gott in Verbindung.

A 39: Evolution des Universums

M 1: Mit dem Zitat aus dem Heiligen Buch der Maya, „Popol Vuh" (vgl. auch A 8/M 3), soll noch einmal in Erinnerung gerufen werden, dass die Menschen zu allen Zeiten über den Ursprung der Welt nachgedacht haben. Davon zeugen viele „Schöpfungsmythen" aus unterschiedlichen Zeiten und Kulturen (vgl. A 1 – A 8). Sie werden Jahrhunderte später durch moderne „Weltentstehungstheorien" wie z. B. der von Fred Hoyle abgelöst. Er ging davon aus, dass das Universum kontinuierlich Materie erzeuge und damit immer weiter expandiere.

M 2: Neben den Theorien der englischen Forscher Bondi, Gold und Hoyle gibt es die (ältere) „Urknall-Hypothese". Sie ist ein kosmisches Modell, das von einem Anfangszustand des Universums ausgeht. Diese Theorie ist durch die Entdeckung der kosmischen Hintergrundstrahlung gestützt worden.

M 3: Im Gegensatz zu Arbeitsblättern wie z. B. A 40, enthält dieser Text wenig Zahlenmaterial, weil er ein Stück „Vorgeschichte" erzählt. Die Schüler werden dies begrüßen. Sie sollen noch einmal rekonstruieren, wie man sich die Entstehung unseres Sonnensystems aus einer „Mass(e) von Gas und Staub" (vgl. auch M 1) vorstellen kann. Hier wird „Entwicklungsgeschichte", mit Fakten und Argumenten versehen, narrativ dargestellt. Diese Form der Darstellung „provokante(r) Evolutionsgeschichte" (bei C. Sagan/A. Druyan, Schöpfung auf Raten) lässt sich mit A 40 verknüpfen.

A 40: Evolution der Erde

M 1: Die Grafik soll ein Impuls sein, der zu einer „Begegnung mit der Unendlichkeit" führt. Damit ist sowohl die Auseinandersetzung mit dem Zahlenmaterial als auch das „Staunen über Zahlen" gemeint. Letztere veranschaulichen für den Menschen nicht mehr vorstellbare Zeiträume. So besteht z. B.

zwischen dem „Archaikum" und dem „Präkambrium" ein Zeitabstand von etwa 1,1 Mrd. Jahren. Das lässt sich an der Tafel (vgl. Tafelbild/Skizze) so darstellen, dass z. B. 40 cm = 1 Mrd. Jahren entsprechen. Die Tafelskizze soll Staunen auslösen, weil sie beispielsweise zeigt, dass die Zeit- bzw. Entwicklungsabstände vom „Kambrium" bis zum „Tertiär-/Quartär" immer kürzer werden.

thebanischen Theologie verbunden. Sie betont, dass der widderköpfige Gott auf der Töpferscheibe auch Tiere geformt habe. Interessant erscheint, dass zwischen Luft-, Wasser- und Landtieren differenziert wird und die Tiere nicht als mythische Wesen, sondern als Kreaturen des Schöpfergottes Chnum auftreten.

Tafelbild:

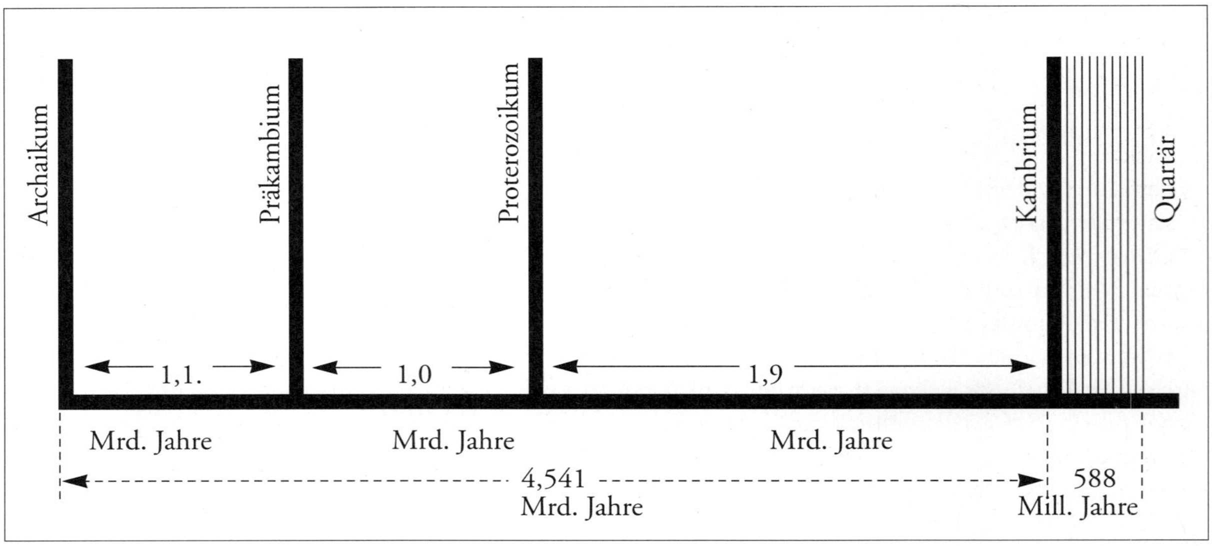

M 2: Der Zeitungsartikel soll den Lernenden bewusst machen, dass wissenschaftliche (hier: geochemische) Forschung immer wieder versucht:
- Theorien (Hypothesen) zu verifizieren,
- Ergebnisse (Daten, Fakten) zu korrigieren, um zu neuen (modifizierten) Erkenntnissen zu gelangen.

Letzteres kann an der Frage „Seit wann gibt es Leben auf der Erde?" durch den Vergleich von M 1 (3,5 Mrd. Jahre) mit M 2 (3,8 Mrd. Jahre) demonstriert werden. Hinzu kommt die Frage nach der „Entstehung der Erde". Nach M 1 entstand sie vor 4,6 Mrd. und nach M 2 vor 4,55 Mrd. Jahren. Bei der Erforschung des Alters der Erde und des Lebens spielt die Beschaffenheit des Kohlenstoffs („C") eine bedeutende Rolle: Er ist ein wichtiges (Aufbau-)Element von über 1,5 Mill. organischen Verbindungen. Seine isotopische Beschaffenheit („Isotope" sind Atome mit unterschiedlicher Massenzahl) verweist auf das Alter z. B. eines Gesteins.

A 41: Evolution der Tiere

M 1: Mit dem ägyptischen Hymnus wird an die mythisch-religiöse Perspektive der Schöpfung erinnert. Widdergott „Chnum" (vgl. A 3) ist eng mit der

M 2: Der Text macht in erzählender Form auf die „Vielfalt des Lebens" aufmerksam. Er erzählt von Lebewesen wie „Großkatzen", „Regenwürmern", „Algen und Pilzen". Und er zählt auf, was sie tun: „springen, hüpfen, fliegen" usw. Der Text erinnert an den Hymnus M 1.

M 3: Die Schülerinnen und Schüler werden schnell den Unterschied der Materialien begreifen: M 1/M 2 erzählen von der Evolution der Wirbeltiere, der eine Text aus religiöser, der andere aus wissenschaftlicher Perspektive. Die Abbildung des „Stammbaums" (M 3) verfolgt dagegen das Ziel, die Evolution der Reptilien zu veranschaulichen und darüber zu informieren. Betont werden muss, dass am Ende der Kreidezeit (vgl. A 40/M 1) die meisten damals existierenden Reptilien vernichtet wurden. Deshalb existieren heute nur noch ca. 6000 Reptilienarten. Sie sind klein im Vergleich zu ihren Vorfahren, jedoch von enormer Verschiedenartigkeit.

A 42: Evolution des Menschen

Wie bei A 41 werden auch hier zwei Perspektiven angeboten, die Entwicklung entweder mythisch-philosophisch (M 1) oder naturwissenschaftlich (M 3) darzustellen.

M 1: Die „Worte des Konfuzius“ sind Worte der Weisheit (Klugheit, Lebenserfahrung und des Wissens). „Entwicklung“ wird mit dem Symbol der Wurzel (auch Sinnbild der Herkunft des Menschen) gleichgesetzt. „Leben“ wird eingegrenzt in „Anfang und Ende“. Das „Yin-Yang-Zeichen“ (auch Urmodell des Liebespaares) symbolisiert, dass der Mensch aus der Polarität des Weiblichen (Erde) und Männlichen (Himmel) hervorgegangen ist. Nach dieser Vorstellung wird „Entwicklung“ als polare Entfaltung der Dinge und Ereignisse gesehen.

M 2–M 3: Zur Erschließung der Materialien scheinen folgende Arbeitsaufträge sinnvoll:
- Der Stammbaum ist hier Symbol für die Entwicklung von „(Säuge-)Tier und Mensch“ seit dem Tertiär. Beschreibe und begründe diese These mit M 1 und M 2.
- Die linke Hälfte des Stammbaums bildet die Entwicklung der Säugetiere (Urherrentiere) bis zu den (Halb-)Affen ab. Erläutere und begründe diese These.
- Die rechte Hälfte des Stammbaums stellt die Entwicklung der Menschheit vom so genannten Australopithecus bis zum heutigen Menschen dar. Erläutere und begründe diese These.

Das Arbeitsergebnis dürfte Folgendes herausstellen: Der Stammbaum zeigt die Entwicklung der Lebenswelt seit dem Tertiär (vgl. A 40), der Epoche vor 65 Mio. Jahren. Betont wird die Entwicklung der Menschheit: Sie beginnt mit der Trennung zwischen „Tier und Mensch“ vor etwa 3,5 Mio. Jahren. Die Beschreibung der Entwicklung der Menschheit stützt sich auf Funde menschlicher Artefakte und hominider Reste. Wichtigste Station in der Entwicklung ist der Übergang vom „Homo erectus“ zum „Homo sapiens“. Er wird zum „verständigen Menschen“ und weist gegenüber dem „aufgerichteten Menschen“ weitaus mehr (menschlich-)spezifische Eigenschaften auf.

A 43: Die Besonderheit des Menschen

Den Bezug zwischen Abbildung (M 1) und Text (M 2) bildet der Begriff „Evolution“, der hier unter dem Aspekt der „Besonderheit des Menschen“ beleuchtet wird. „Evolution“ bedeutet nicht lediglich die Entstehung der Tier- und Pflanzenwelt, sondern meint den Gesamtprozess unseres Universums. Ist der Mensch in diesem Prozess „Krone der Schöpfung“? (Vgl. A 18) Oder: Ist er die höchste Stufe der Evolution? Ist er etwas Besonderes?

M 1: Die Zeichnung von B. Sanderson (1976) verweist auf „Evolution“ als einen Prozess der Veränderung und Entwicklung: Wie auf einer Leiter entstehen stufenweise komplexe Gebilde vom Atom bis zum Makromolekül. Die biologische Phase (vgl. A 40/M 1) schließt sich an und viel später die kulturelle Phase der Evolution. Der Mensch rückt in den Mittelpunkt intellektueller Entwicklung. Sie bildet sowohl die Grundlage für den Gebrauch und die Herstellung von Geräten als auch die Basis für die abstrakte Symbolsprache des Menschen. Diese Qualifikation zeichnet den Menschen als etwas Besonderes aus. Dies wird von B. Sanderson nicht bestritten, jedoch karikiert und damit problematisiert. Sein Stammbaum ist „männlich“; der Mann steht an der Spitze sozio-kultureller Evolution. Damit wird seine Herkunft („Wurzel“) ironisiert bzw. symbolisiert, dass er nur durch ein technisches (Gerüst-)Element mit dem Stammbaum verbunden ist.

M 2: Auch Erich Kästner problematisiert die Stellung des Menschen in einer sich schnell entwickelnden Welt. Dass es sich bei dem Text um eine Satire handelt, werden die Schülerinnen und Schüler begreifen, zumal das Gedicht mit heiteren Worten eingeleitet wird und ähnlich endet. Der Text ist eine Satire, die sich zwischen scherzhaften Formulierungen und ernsthafter gesellschaftlicher Kritik bewegt. Die geistige Evolution der Menschheit weist rasanten technologischen Fortschritt auf wie die Atomspaltung und den Bau dreißigstöckiger Hochhäuser. Auf dem Gebiet menschlich-gesellschaftlicher Qualität (Nächstenliebe; Achtung menschlicher Würde etc.) hat die Menschheit keinen analogen Fortschritt gemacht.

Kapitel VI: Manipulation der Schöpfung

Unter dem Begriff der Manipulation wird hier der Eingriff des Menschen in die Schöpfung verstanden, der zu einer enormen Entwicklung der Biotechnologie geführt hat: Sie umfasst die Fortpflanzungstechnik, die es ermöglicht, „Leben zu produzieren“, d. h. menschliche Fortpflanzung zu manipulieren. Sie umfasst auch die Gentechnik, mit deren Hilfe menschliches Leben ‚gelesen‘, verändert und ‚repariert‘ werden kann. Die Biotechnologie hat das Menschenbild verändert.
Die Arbeitsblätter (A 44–A 48) konzentrieren sich nicht auf biologisch-genetische Einzelheiten, sondern werfen beispielhaft die Frage nach dem Menschen, seiner Machbarkeit und Reproduzierbarkeit auf.

A 44: Vater aus dem Katalog

Das Arbeitsblatt legt zwei Beispiele für manipulierte menschliche Fortpflanzung vor: die „Leihmutterschaft" (M 1) und die Fortpflanzung durch künstliche Befruchtung auf der Basis anonymer Vaterschaft (M 2).
„Leihmutterschaft" bedeutet, dass eine Frau sich gegen Bezahlung den Samen eines Mannes oder die befruchtete Eizelle eines Paares einpflanzen lässt, das daraus entstehende Kind austrägt und abgibt. Dieses Verfahren ist für alle Beteiligten problematisch. Die Leihmutter darf zu dem Kind, das sie austragen soll, keine tiefere Beziehung aufbauen, eine schwierige Angelegenheit bei einer neunmonatigen Schwangerschaft. Und für das Paar, das den Kinderwunsch hat, ist es sicher ein Problem, dass eine dritte Person beteiligt ist.
Inzwischen sind „Samenbanken" eingerichtet worden, die Spermata sammeln und lagern. Kinderlose Ehepaare, bei denen der Mann zeugungsunfähig ist, können mit Hilfe der Samenbank ihren Kinderwunsch erfüllen. Damit beginnen z. B. solche Probleme: Wie sieht es mit dem Erbrecht aus? Soll das Kind den Namen seines leiblichen Vaters erfahren? Nach welchen Kriterien wird der männliche Same ausgesucht?

M 1: Aus biblischer Sicht wird mit Gen 30,1 – 6 das Problem der Miet- oder Leihmutter transparent. Nach altorientalischem Recht konnte eine kinderlose Frau ihrem Mann die Sklavin als „Leihmutter" überlassen. Ihre Kinder galten dann als legale Kinder des Ehepaares. Der Mann konnte die Sklavin entlassen, wenn seine Frau wider Erwarten eigene Kinder bekam.
Rahel, Tochter Labans und Frau Jakobs, ist laut Gen 30,1 ff. schon Jahre lang kinderlos. Sie fordert Jakob auf, die Magd Bilha zu schwängern: „Geh zu ihr! Sie soll auf meine Knie gebären ..." (V. 3). D. h. die rechtmäßige Ehefrau nimmt das Kind der Magd auf ihre Knie und symbolisiert damit, dass sie es als eigenes Kind akzeptiert. Auf den ethischen Einwand Jakobs, hier die „Stelle Gottes" (V. 2) einzunehmen, reagiert Rahel mit dem Hinweis, Gott habe sie gehört. Gott erinnert sich später an Rahel und sie bringt Josef zur Welt (V. 23 f.).

M 2: Der Artikel „Katalog-Kind ..." veranschaulicht das Problem manipulierter Fortpflanzung. Es wird das Beispiel einer künstlichen Befruchtung („in vivo", d. h. im Leib) durch einen anonymen Samenspender vorgestellt. Der Fall „Jodie Foster" erregte vor allem dadurch Aufsehen, dass die Mutter das „Idealbild eines (Über-)Vaters" suchte. Das Beispiel wirft solche Fragen auf:

- Warum wollte Jodie Foster die Natur überlisten?
- Was missfällt an ihrem Versuch, sich einer Samenbank anzuvertrauen?
- Wie beurteilst du überhaupt den Versuch, einen „Supermenschen" künstlich zu produzieren?
- Welche Kriterien spielen manchmal bei der Auswahl eines Samenspenders eine Rolle?
- Welche Probleme entstehen, wenn das „Wunschkind" (später) enttäuscht?
- Welcher Konflikt könnte entstehen, wenn nicht Liebe und Partnerschaft, sondern der Akt künstlicher Zeugung im Vordergrund steht?

Resümee: Der Versuch künstlich-manipulativ einen „Supermenschen" (z. B. ein Genie) zu erzeugen, verstößt dagegen, dass der Mensch „Geschöpf Gottes" ist. Eine künstliche Befruchtung „in vivo" oder „in vitro" (im Glas) ist immer ein medizinisch-technischer Prozess, bei dem der „Zusammenhang von Liebe, Zuneigung und Geburt" aufgelöst wird. Es gibt grundsätzlich keinen Anspruch auf Kinder. Sie sind Gabe und Aufgabe.
Eine „Schwangerschaft" darf nicht zur Ware degradieren. Und eine „Mutterschaft" darf nicht zum ‚Mietobjekt' gemacht werden. Denn menschliches Leben ist eine „Gabe Gottes" und besitzt eine besondere Würde (nach EKD Texte 11/20; 1985/87).

A 45: Herrschaft über die Fortpflanzung

M 1: Im Jahre 1932 erschien der Roman „Brave new world" von Aldous Huxley (1894 – 1963). Es ist ein Modell einer negativen Utopie: Menschliche Wesen werden nicht mehr geboren, sondern in Reagenzgläsern gezüchtet. Wissenschaft und Technik sorgen dafür, dass die Embryonen genau jene körperlichen und geistigen Eigenschaften erhalten, die ihre vorherbestimmte Rolle im Leben später verlangt. Missverständnisse können lediglich durch Fehler oder Irrtümer der Labortechniker entstehen. Krankheiten gibt es nicht mehr. Männer und Frauen behalten ihre Jugendlichkeit; das Gefühl von Glück und Zufriedenheit ist ihnen angezüchtet. Phantasie und Kreativität sind in Huxleys ironisch-satirischer Zukunftsvision nicht gefragt. Das Unterrichtsgespräch über das Romanfragment aus „Schöne neue Welt" kann sich auf folgende Fragen stützen:

- Wie wird das Forschungsinstitut genannt und beschrieben?
- Wie wird der „Befruchtungsraum" beschrieben?
- Wie tritt der Direktor auf? Wie verhalten sich die Studenten?
- Was wird unter dem „Bokanowsky-Verfahren" verstanden?
- Welche Welt beschreibt hier Aldous Huxley?

- Welche Rolle spielt der Mensch in dieser ‚neuen‘ Welt?
- Was hat sich bereits von der Zukunftsvision Aldous Huxleys realisiert?

M 2: Die „... Chronik künstlicher Fortpflanzung“ gibt eine Antwort auf Huxleys utopischen Roman. Der Roman verfolgt die Absicht, eine Welt zu kritisieren, in der der Mensch zum „Experimentierfeld“ wird. Die Chronik belegt, dass Huxleys Vision auf dem Gebiet künstlicher Befruchtung schon längst konkrete Gestalt angenommen hat. Letzteres wird im Unterricht diskutiert und schrittweise besprochen.

A 46: Das Klon-Schaf „Dolly“

Als im Januar 1998 die Meldung vom „Klon-Schaf Dolly“ um die Welt ging, wurde erneut eine öffentliche Diskussion entfacht über das Klonen von Tier und Mensch, d. h. die genetische Verdopplung eines bereits entwickelten Organismus. Vor allem die Verfahren, das Embryonensplitting und das Klonen aus noch nicht vollständig differenzierten embryonalen Stammzellen, erregten die Aufmerksamkeit.
Mit dem Experiment „Klonen à la Dolly“ zum Zwecke der Arzneigewinnung verlor die „Fortpflanzung (endgültig) ihre Unschuld“ (NGZ, 22.1.1998), d. h. die „Manipulation der Schöpfung“ erreichte einen vorläufigen Höhepunkt.
Die Materialien dieses Arbeitsblattes wollen die Schülerinnen und Schüler auf das Faszinierende der neuen Technik hinweisen, zugleich aber auch das Beängstigende und Gefährliche des Klonens thematisieren helfen.

M 1 – M 2: Mit dem Foto (-Impuls) soll auf das Thema „Klonen“ exemplarisch gelenkt werden. Der Zeitungsartikel dient der Erklärung grundlegender Begriffe wie „Klon“, „Genom“ usw. In den Mittelpunkt rückt die Frage: Wie funktioniert Klonen? (Vgl. Tafelbild unten)

M 3 – M 4: Beide Materialien dienen der Veranschaulichung und Vertiefung des Themas. Mit Hilfe der (fiktiven) Namen der „drei Mütter“ kann der Vorgang des Klonens anschaulich und verständlich gemacht werden. Die „Information“ (M 4) bezieht sich auf das Schema (M 3) und gliedert sich nach dessen Aufbau. Beides wird schrittweise erläutert. Nach der Besprechung des Verfahrens des (Tier-) Klonens wird auf die Problematik des Experiments verwiesen. Dabei lassen sich folgende (auch übergreifende) Thesen einbringen:

1. (Tier-) Klonen ist ein Eingriff in die Natur eines Lebewesens ohne dessen Einverständnis.
2. Beim Klonen kommt eine fremde Absicht ins Spiel, die die Kreatur missbrauchen kann.
3. Klonen birgt (z. B. körperliche) Gefahren und Risiken für das Geschöpf in sich.
4. Klonen verhindert, dass ein Lebewesen „so oder so“ beschaffen sein kann.
5. Klonen verleiht Wissenschaftlern (Genetikern) und (Gen-)Technikern Machtfülle.
6. Die Züchtung und Klonierung ‚optimaler‘ Tiere ist ethisch fragwürdig.

Tafelbild:

Wie Klonen funktioniert:

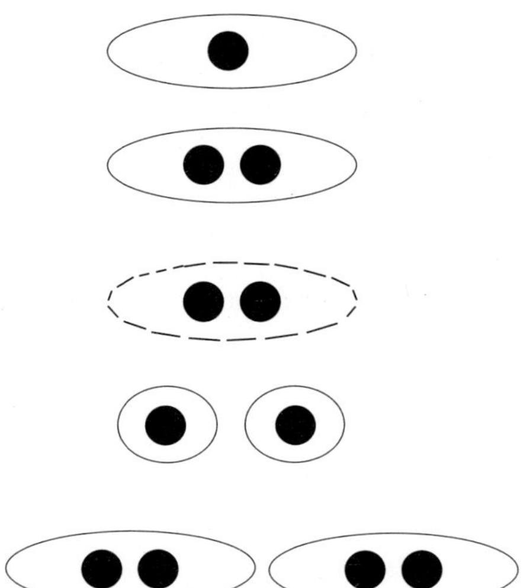

(1) Eine Eizelle wurde künstlich befruchtet.

(2) Die befruchtete Eizelle teilt sich. Es entsteht ein Zellhaufen (Blastomere); der Embryo entwickelt sich.

(3) Die Schutzhülle (Zona pellucida) wird chemisch zerstört und der Embryo aufgespalten.

(4) Die Einzel-Zellen werden in künstliche Schutzhüllen eingesetzt.

(5) Es kommt zu einer erneuten Zellteilung und es entwickeln sich zwei identische Embryos.

nach: W. Christmann (Hrsg.), Genetik, Reproduktionstechnik und Ethik, Jan. 1994, Verlag beate christmann

A 47: „Der achte Tag der Schöpfung"

Mit dem Materialangebot (M 1 – M 6) sollen die Schülerinnen und Schüler Gefahren und Risiken gentechnologischer Eingriffe an Tieren und Pflanzen erkennen.

M 1 – M 2: Gen 2,2 f. konstatiert, dass Gott am „siebten Tag" sein Werk vollendet habe. Dieser schöpfungstheologischen Aussage wird hier die euphorische Mitteilung gegenübergestellt, der „achte Tag der Schöpfung" (M 2) sei angebrochen: Gen-Technikern sei es gelungen, Erbgut zu manipulieren; dadurch werde die Lebenswelt veränderbar. Beispiele dafür nennen M 2 (2. Zitat) – M5.

M 3 – M 4: Mit dem Zeitungsartikel wird ein Beispiel („Riesenratten") angeführt, das die Gefährlichkeit genetisch manipulierter Pflanzen (Futtermittel) oder Organismen belegt. Nach J. Rifkin lehrt die Gentechnologie „das Fürchten"; er nennt als Beispiel genmanipulierte Mäuseembryos.

M 5: Mit Hilfe gentechnologischer Verfahren werden schon längst neue Zier- und Nutzpflanzen gezüchtet. In der Landwirtschaft kann dadurch der Ertrag gesteigert werden. Auch Genuss- und Nährwert von Getreide und Obst nehmen zu. Manche Pflanzen werden z. B. gegen Frost oder Hitze widerstandsfähiger. Die Schülerinnnen und Schüler erhalten den Arbeitsauftrag, die gentechnische Behandlung der in M 5 genannten Früchte und Pflanzen zu beschreiben. Dabei rückt die „Anti-Matsch-Tomate" (erstes genmanipuliertes Lebensmittel) in den Vordergrund. Sie wurde 1994 auf den US-Markt gebracht. Da diese Tomate schwierig zu verpacken und zu transportieren war, wurde sie zu Tomatenmark verarbeitet. Das Beispiel zeigt, dass gentechnische Veränderungen an Obst und Gemüse Vor- und Nachteile haben.

M 6: Mit Hilfe der vier Kurzzitate lassen sich erneut Argumente sammeln, die Kritik an der Gen-Forschung und Gen-Technologie üben:

1. Genetische Veränderungen müssen verantwortet werden.
2. Der Mensch darf nicht nach dem Kriterium „lebenswert" oder „lebensunwert" beurteilt bzw. gentechnisch beeinflusst werden.
3. Gentechnische Manipulation hört dort auf, wo sie die Integrität („Unversehrtheit") des Menschen als „Gottes Ebenbild" antastet.
4. Klonen von Menschen widerspricht natürlicher Fortpflanzung.
5. Klonen durchbricht den (Gott gewollten) Zyklus von „Zeugung-Geburt-Tod".

A 48: Gentechnische Eingriffe beim Menschen

Die moderne Gentechnologie macht auch vor dem Menschen nicht Halt. Auf diesen Aspekt wollen die Materialien von A 48 gezielt verweisen.

M 1: Das Bild von Magritte dient als Anstoß, spontan über das Klonen von Menschen nachzudenken. Auf ein entsprechendes (gelungenes) Experiment an der George-Washington-Universität durch den Forscher Jerry Hall (1993) kann verwiesen werden. Hall, Fachmann für künstliche Befruchtung, ‚produzierte' aus 17 menschlichen Embryonen im frühesten Entwicklungsstadium 48 Embryos, die er aber Frauen nicht einpflanzte. Dieser Versuch stieß, auch bei Medizinern, auf weltweite Ablehnung.
Das Bild „Reproduktion (d. h. Nachbildung, Vervielfältigung) untersagt" symbolisiert hier, dass „Klonen von Menschen" ethisch verwerflich ist: Der Mensch ist immer ein „Unikat", Individuum, „Geschöpf Gottes" (Gen 1); ein „Duplikat" von ihm herzustellen, verstößt gegen die Menschenwürde.

M 2 – M 3: Beide Texte stellen das Problem des Klonens von Menschen (wie M 1) in den Mittelpunkt einer Argumentation, die sich gegen „geklonte Embryonen (d. h. Menschen)" richtet. Es empfiehlt sich, mit den Schülerinnen und Schülern die Texte zu analysieren und Thesen zu formulieren wie z. B.:

1. Genmanipulation führt dazu, dass der Mensch patentierbar wird und damit seine Freiheit verliert.
2. Genmanipulation ist ein Eingriff in die Natur. Sie übergeht die Evolution.
3. Der Mensch ist immer das Ergebnis einer einmaligen Genkombination.